公　民

沈　六
國立臺灣師範大學教育學博士
國立臺灣師範大學公訓系所教授

張秀雄
美國密蘇里大學教育學博士
國立臺灣師範大學公訓系所教授

黃迺毓
美國南伊利諾大學哲學博士
國立臺灣師範大學家政教育系所教授

林火旺
美國愛荷華大學哲學博士
國立臺灣大學哲學系所教授兼系主任、所長

簡資修
美國喬治城大學法學博士
國立臺灣師範大學公訓系所兼任副教授

陳李綢
國立臺灣師範大學教育學博士
國立臺灣師範大學心輔系所教授

陳秉華
美國伊利諾大學諮商心理學博士
國立臺灣師範大學教育心理與輔導學系所副教授

黃人傑
國立臺灣師範大學三研所博士候選人
國立臺灣師範大學公訓系所副教授

龐建國
美國布朗大學社會學博士
國立臺灣大學社會系所兼任副教授

林仁傑
國立臺灣師範大學美術研究所碩士
國立臺灣師範大學美術系講師

張樹倫
國立臺灣師範大學三研所博士肄業
國立臺灣師範大學公訓系講師

鄧毓浩
國立臺灣師範大學三研所博士肄業
國立臺灣師範大學公訓系講師

呂建政
美國伊利諾大學哲學博士
國立臺灣師範大學公訓系所副教授

董秀蘭
國立臺灣師範大學教育碩士
國立臺灣師範大學公訓系講師

李琪明
國立臺灣師範大學教育研究所博士肄業
國立臺灣師範大學公訓系講師

林幸台
美國喬治亞大學教育博士
國立臺灣師範大學特教系教授兼系主任

李義男
美國東德州州立大學教育博士
國立臺灣師範大學公訓系所教授

韓青菊
國立臺灣師範大學三研所暑期班結業
桃園縣立龍潭國中教務主任

吳美嬌
美國密西根州聖母大學教育研究所結業
板橋國中輔導主任

蔡居澤
國立臺灣師範大學公研所肄業
國立臺灣師範大學公訓系所助教

呂啓民
國立臺灣師範大學公研所肄業
國立臺灣師範大學公訓系所助教

劉秀嫚
國立臺灣師範大學公研所肄業
國立臺灣師範大學公訓系所助教

三民書局印行

國家圖書館出版品預行編目資料

公民／沈六主編.－－增訂二版十二刷.－－臺北市：
三民，2007
面；　公分

ISBN 957-14-2235-5　(平裝)

1. 公民教育

528.3　　　84003345

© 公　民

主　編　沈　六
發行人　劉振強
著作財產權人　三民書局股份有限公司
臺北市復興北路386號
發行所　三民書局股份有限公司
地址／臺北市復興北路386號
電話／(02)25006600
郵撥／0009998-5
印刷所　三民書局股份有限公司
門市部　復北店／臺北市復興北路386號
重南店／臺北市重慶南路一段61號
初版一刷　1995年7月
增訂二版一刷　1996年8月
增訂二版十二刷　2007年10月
編　號　S 190210
定　價　新臺幣330元
行政院新聞局登記證局版臺業字第〇二〇〇號

ISBN　957-14-2235-5　(平裝)

http://www.sanmin.com.tw　三民網路書店

編輯大意

一、本書分爲「人生方向」、「文化素養」、「民主法治」及「職業道德」四篇，每篇分成五章撰寫。

二、第一篇之內容以認識青年成長的特質，辨明正確的觀念爲主，以期學生能激勵個人志節，規劃適當的人生方向。

三、第二篇之主要內容包括體認人文自然的關係，涵詠高尚的氣質，以充實精神生活，培育典雅的文化素養。

四、第三篇的內容，著重於瞭解民主法治的眞義，發揚守法的精神，以樹立民主風範，落實有效的民主生活。

五、第四篇的內容，著重認知未來就業的環境，培養敬業的態度，以建立專業倫理，經營進取的職業生涯。

六、每章之後均列有參考資料、建議閱讀書籍、習題、與學習活動，並設計有兩次公民活動，請於教學實施時，充分利用。

七、「公民」重視實踐。本書每一章之後皆有「活動」設計，請安排時間，參考「活動」設計，或自行設計「活動」實施。

公民

目錄

第一篇　人生方向

第二篇　文化素養

第一篇　人生方向

第一章　身心成長

陳李綢

人的身體及心理發展，隨著年齡與經驗的增加，不斷的發生變化。就人的身體而言，人類的身高、體重、外表形象、肌肉、骨骼、及內分泌等各方面的生理結構，隨著不同階段的發展而有不同的成長現象。同樣的，人類的心理狀況，如智力、認知能力、思考力、自我觀念、人際關係、及人格特質等方面的心理結構亦隨著不同時期的發展而逐漸的發生變化。所以說，人類的身心成長是一個連續的發展歷程；而整個發展歷程受年齡與經驗的影響，也就是說，人類身心成長的歷程受「成熟」與「學習」的交互影響。

成熟是指個人受遺傳基因的影響，使身心發生改變的過程。例如：身體成長、動作能力、語言行爲、生殖能力等的成長變化，都是受成熟因素的支配；當個人生理及心理成熟到某種程度時，這些行爲不經過學習，也能發展出來。一般而言，年齡愈小的兒童時期，受成熟因素的影響愈大。根據美國心理學家格賽爾的研究指出：兒童在十歲以前，身心成長的變化多受成熟因素的影響，十歲以後受學習與經驗因素的影響逐漸增加。

學習是身心成長另一個重要的影響因素，人類從有生命開始，就受外在環境的影響，透過學習過程，使個人的經驗增加，個人的能力、知識、技能、情緒、態度、自我觀念及人格特質等方面也逐漸的變化。

「成熟與學習」、「遺傳與經驗」雖然是影響人類身心成長的重要因素，但是這些因素是相互影響的。成熟通常是學習的基礎，個人身心特質必須成長到某種程度，才能發揮有效的學習。若是僅有遺傳與成熟的發展，而缺乏外在環境的學習與經驗，個人身心發展依然受限制。因此，也可以說身心的成長是「遺傳」與「環境」交互作用的結果。

第一節　人類身心成長的原則

人類身心發展是一個連續不斷的歷程，每個人在成長過程中，身心發展特徵通常呈現規律性的改變，而這些改變具有下列六項原則：

一、早期發展是後期發展的基礎

兒童早期的成長是人生發展的基礎。每個人兒童時期所養成的態度、習慣與行為模式等身心發展，是決定個人成長後適應生活的重要因素。奧國精神醫生傅洛伊德就認為兒童時期的生活經驗，對成人時期的行爲適應有相當的影響力。一個人幼年缺乏母愛或安全感，往往會使其心理受到嚴重的創傷，影響日後的行爲模式與身心發展。家庭在兒童早年所給予的教養方式，也會影響兒童行爲模式的建立。一些研究發現，肥胖症的成年人或有貪吃習癖的成年人，有些是由於在其早年生活養成了不適應的飲食習慣，或者是缺乏安全感所造成的。同樣的，一個人對異性的態度與對婚姻生活的適應，也深受其早年在家庭中及同儕團體中人際關係的影響。因此，嚴重的行爲問題很少是在青少年期或成年期突然發生的，它們多半來自兒童時期的不適應。

雖然每個人的基本行爲模式受早期生活的影響，但是在成長過程中，個人只要有尋求改變的動機，在往後的生活中獲得適當的輔導與協助，個人早期發展所建立的行爲模式亦能產生改變。

二、身心成長是成熟與學習的結果

每個人行爲的發展，一方面基於個人的成熟，一方面來自學習的結果。成熟是個人內在潛能及天賦的表現，而學習是經由練習與努力而發展的。例如人類的坐、爬、站、走，都是由成熟發展來的，不需經過特別的訓練。但是就個人的特殊功能發展來說，如寫字、彈琴、溜冰、游泳、騎車、說話和語文表現，則需要經由學習，訓練的作用就格外重要。因此，個人的身心成長過程，成熟與學習互相關聯，相輔相成。

三、身心成長過程具有共同的模式

個人的身心成長過程，大體上有一個共同的模式，而且，這種模式通常是可以預知的。就生理和動作發展而言，人類自胎兒期到嬰兒期的發展，均具有三種明顯的模式：(1)自頭至尾的發展，即頭部發展在前，下肢發展在後；(2)自軀幹至四肢的發展，即中央軀幹部分的發展在前，末端四肢部分的發展在後；(3)自整體到特殊的發展，即整體的、一般的、大肌肉的發展在先，局部的、特殊的肌肉發展在後。每個小孩都是先爬而後會坐，能坐而會站，然後再會走路。青少年的生理變化、性機能成熟、第二性特徵的出現，亦循著一定的順序而發展。

就心理發展來說，人類語言能力的發展，自牙牙學語，會發音開始，逐步發展出說單字、複字、雙字語、簡單句及複雜句子等，亦依循著規律的順序而成長。又如個人的道德觀念的發展，亦從以自我爲中心的觀念開始發展，逐漸因學習團體秩序和道德規範，再形成他律觀念，然後再因自我觀念的成長而發展出自律觀念。由此說明，每個人身心成長有共同的模式，它是由簡單而複雜、由具體而抽象，循序漸進的發展。

四、身心成長有共同模式，也有個別差異

每個人的成長過程中，身心發展雖有共同模式，但是個人都是依照自己的方式和速率成長，並不是所有兒童在同一年齡都會達到同一發展階段。事實上，同一年齡兒童，身心方面的成長仍有很大的個別差異，正如同每個人從同一起跑線上起跑，但是在速度及反應上就有很大的差別。下圖中所示的是五個人心智成長的曲線❶。

❶ Hurlock, E. B. (1968), *Developmental Psychology*, 3rd ed., N.Y.: McGraw-Hill, p. 27.

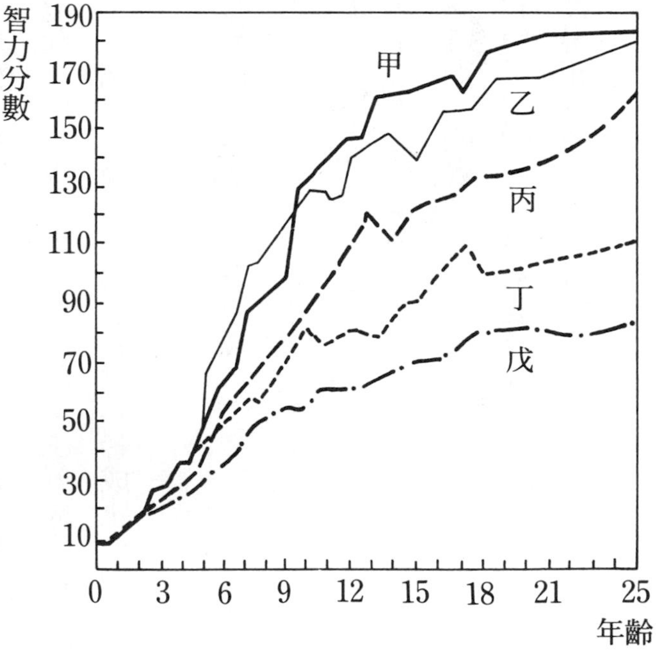

個人心智成長差異圖

(採自 Hurlock, 1968)

這些曲線的型態大致相同，由此看出兒童前期的發展速率比兒童後期和青少年時期來得快速。但各個人之間的速率卻有很大的差異，而且這種個別差異現象，隨著年齡的增加而愈趨明顯。

五、身心各方面發展的速率不一致

每個人身心各方面特質發展的速率並不一致，其達到成熟狀態的年齡亦不盡相同。以人類大腦的生長速率來看，六歲以前發展最快，至六歲時大腦重量已達成熟重量的百分之九十，八歲時幾乎已達成熟的重量，八歲以後大腦重量不再增加。再以身高體重的成長速率來看，亦呈現明顯的生長週期，快慢速率不同；出生後兩年的發展速率最快，兩歲之後至青春期前速率減慢，但至青春期後，身高體重生長速率再次陡增，至青年期後，身高體重生長速率趨緩。

各種心理特徵發展速率亦然；如創造性思考能力在兒童時期發展很快，到青少年前期達最高峰。而推理能力在十二歲以前，成長很緩慢；十二歲至十五歲成長較快速，十五歲以後，速率又緩慢下來。一般智力在十三、四歲之前，發展速率與年齡成正比例，但十四歲以後速率便日趨緩慢。

六、身心成長的連續歷程呈現明顯的階段現象

身心成長的歷程，在性質上是連續的；現在的行爲是過去的延續，未來的行爲又是現在的延續。但是，由於身心各方面特徵發展的速率不一致，而且各方面特徵的模式呈現不同的發展順序，因此在連續的發展歷程中，呈現階段性現象。由於發展具有階段性，而每一階段呈現不同的身心特徵，因而引申出所謂「關鍵期」的概念。關鍵期是指在某個年齡期間，對某種行爲發展特別重要。在關鍵期中，一些有利與不利的情境會造成持久性的影響；如果環境條件與學習機會配合得當，個人的某種行爲便可獲得充分發展，如時機錯過，則將事倍功半，甚至徒勞無功。

第二節　身心成長的特徵

身心成長的過程是連續的，而且具有階段性，而人生發展的過程就可劃分爲七個階段，各個階段行爲發展的主要特徵如下：

一、嬰兒期——出生至二歲

一般而言，嬰兒期身體發育快速，不僅是體型與體重的增加，行爲模式的進步急速。嬰兒從頭部開始發育，接著是視力與聽力的發展；各種感官於初生後數個月就已經具備完善的功能，生理機能漸趨穩定。而嬰兒智能的發展與身體的發育有密切的關係。嬰幼兒運用身體的感覺與動作來探索整個世界，並且藉著肌肉和各種感官來從事學習，進而對外界事物形成某種習慣性反應。嬰兒的語言發展是經由哭、喃喃自語及牙牙學語等方式與人溝通。新生嬰兒不會說話，滿一週歲時，僅能說出數個字彙，邁入二歲時，已能說出由兩個字所組成的句子，一至四歲是嬰幼兒語言進步最快的階段，尤其是在一週歲時，語言方面的經驗，對日後語言能力的發展具有相當的影響。語言的發展不僅與嬰兒說話能力息息相關，同時也與嬰兒的心智及社會行爲上發展密不可分。嬰兒至六、七個月時，開始社會化，表現對成人依附的現象。嬰幼兒情緒表現強烈而短暫，一旦注意力轉移後，就立即被其他情緒所取代。他們沒有價值標準，道德觀念尚未發展出來。

二、兒童前期——三歲至六歲

兒童前期包括幼兒期至學前時期，此一時期幼兒或兒童身體發育穩定成長、精力充沛，不僅已能控制自己的肢體行爲，能掌握許多動作的技巧，更可以用言語和人溝通，也多少意識到自我，具有好奇探索及競爭的特性。他們喜歡參與團體遊戲，也開始體認性別角色的扮演。這個時期的兒童開始運用語言、文字、圖形、符號來從事思考，但思考方式以自我爲中心，注意力只能專注於一方，對不明顯的問題無法作正確思考。其語言發展已相當成熟，喜歡在人前談論不休，大都只扮演說話者角色，缺乏聽別人說話的耐心，充分表現自我中心語言的特徵。在情緒的發展方面，他們多能自由而公開地表露情緒，嫉妒情緒已經分化出來，較不易相處。而他們對行爲好壞的判定常以行爲的結果來決定，學會服從權威、避免懲罰的道德觀念。

三、兒童後期——七歲至十二歲

兒童後期正值小學階段，此時期兒童由家庭步入學校，除了家庭之外，學校是影響孩子社會行爲能力最主要的力量。小學階段，兒童身體的協調能力已發育成熟。在智能發展方面，已達「具體運思期」，他們會以邏輯觀念思考，有等級的觀念，懂得計算，不再以自我爲中心，看事情不再只憑自己的感覺，而能更深入接觸所觀察到的本質與特性，具有客觀觀察力和強烈思考的興趣和實際解決問題的能力。他們的情緒較爲開朗穩定，但其社會行爲發展，經常選擇性交友，組織小團體，愛好競爭性遊戲。到了小學高年級，男女生壁壘分明，對功課和遊戲的興趣開始分化，崇拜偶像非常普遍。

四、青少年期——十三歲到二十歲

青少年時期是介於兒童期與成人期之間的過渡時期。從生理的發展來看，青少年時期是指從「青春期」開始到身心發展成熟為止的歷程。青春期是個體的生殖器官功能成熟，與第二性特徵出現的時期。身心成熟是指個人身高體格與智能發展到頂點的時期。換言之，青少年時期是個人生理成熟及心理各方面統整的重要關鍵時期。

此一時期是個人在自我理想的追尋與社會現實的接納之間徘徊迎拒，在依賴和自主之間疑慮困惑的時期。人生的青少年時代常被歌頌為黃金時代，但是青少年自己主觀的感受，卻往往是迷惑、煩惱和挫折居多。

就認知能力的發展，皮亞傑認為大多數青少年進入形式運思的認知期，思考能力漸趨成熟，能運用概念的、抽象的邏輯方式推理。從心理發展上來看，依據佛洛伊德的看法，此時期為人格發展的兩性期，對異性感到興趣。人格社會化的程度日益增加。依據艾瑞克遜的看法，青少年已進入人格統整或角色錯亂時期。青少年開始尋求認證而清楚的自我角色，否則易陷入角色混淆的困境。

從道德發展而言，柯柏格認為此時期青少年為道德成規期的順從權威導向階段，以尊重權威、維持社會秩序，並履行個人的義務為其道德行為標準。然而，當前青少年成長在一個富裕又高度科技化、資訊化的社會，生活規範紛歧錯亂，行爲標準紊亂繁複，因此價值觀念方面的徬徨困惑，莫知所從。歸納青少年的心理特徵，主要包括：

1. 情緒不穩定、缺乏安全感：青少年時期的情緒表現具有強烈性、固執性和不一致性等特質，常因動機受挫而喜怒無常，又面對未來，難免徬徨遲疑，缺乏安全感。

2. 理想太高遠，不能務實際：青少年時期的幻想與憧憬較多，對自己、家人、朋友、學校和社會的期望甚高，卻往往因抱負或期望過高，而實際能力或努力不足，以致常常遭到挫折失敗，因而自卑、沮喪。

3. 順從小團體，尋求歸屬感：青少年時期由於缺乏自信心，怕被批評，易受暗示和樂於模仿等心理，往往在穿著配飾、行爲表現、觀念或嗜好等方面，盡量與同儕團體取得一致，甚至於討好同儕友伴免得遭到排斥或孤立。

4. 自我求表現，誇張而虛浮：青少年一方面順從小團體的規範，另外也尋求自我個性的展現，因此流爲誇張做作，裝腔作勢，盲從於時尚，競逐於流行，予人以膚淺虛矯，爲表現而表現的印象。

5. 反抗權威束縛，追求獨立自主：青少年時期有強烈的獨立意願，往往表現爲反抗家庭，反抗權威束縛。此種凡事自己負責，自己立法，自行裁決的心理，往往愈加干涉與控制，則反對抗拒或掙扎的力量愈強。

6.精力充沛，追求新鮮刺激：青少年正值生理上的急遽成長期，新陳代謝快速，精力特別旺盛，又加上性機能的發展，因此活潑好動，喜歡追求新鮮、緊張而刺激的活動。

五、成年時期——二十一歲至四十歲

此一時期繼續青少年時期的發展，身心均達成熟狀態，個人必須適應新的生活方式，社會亦對之有新的期望。

成人生活獨立的先決條件，必先擁有適當的職業，使其有安定的工作機會和相當固定的收入。至於所選擇的職業，應盡量適合或接近自己的能力和興趣，俾能從工作中獲得成就感。

大多數成年人會擇偶婚嫁而過婚姻生活。他們從獨身到結婚，從結婚到生兒育女而成為父親或母親，必須發展符合其職分的行為。

六、中年時期——四十一歲至六十歲

中年時期繼續成年時期的發展，變得更有經驗和富判斷力，沈著穩重。中年人在此一時期邁進職業成就的高峰期，多數人在這段時期中獲得最高的職位，最多的收入。不過，中年時期衰退的歷程相當明顯，因此亦是個人需要再適應的轉變時期。

這個時期的中年人，體力漸趨衰退，速度也漸緩慢，不再像從前一樣靈活，儀表漸有改變，視力和聽力逐漸衰退，生理方面常隨更年期來臨出現一些生理、心理的徵候，尤以女性為然。中年人如能為自己或夫妻同時安排合適的休閒娛樂，或參與一些社會團體活動，將有益身心健康。

七、老年時期——六十一歲至生命結束爲止

隨著年齡的增長，老年人的體力、精力和反應都有變弱和趨向於遲鈍的傾向。老人對疾病的抵抗力減弱，發生意外的機會亦較多。

老年人生理、心理老化的現象，因生活水準的提高和醫藥的發達而獲改進，但個別間的差異顯著。老人退休後，角色改變，收入短絀，生活習慣改變，社交活動減少，往往增加老人生活適應的困難。因此，老人應避免劇烈運動，宜有適度的飲食，定期作健康檢查；同時宜培養休閒活動和藝術陶冶的情趣，或參加宗教組織和娛樂性社交活動，以保持健全的心理，防止老化，俾有助於生活的適應。

推薦進修書目

1. 李美珍等著，《發展心理學》：臺北，心理出版社，民國八十年十一月。
2. 郭爲藩等著，《現代心理學說》：臺北，師大書苑，民國八十一年。

習　題

蔡居澤

一、選擇題

1.(　)人類身心成長的歷程，從嬰兒至老年可區分爲幾個時期？①五個　②六個　③七個　④八個。

2.(　)成熟是指個人受什麼因素的影響，使身心發生改變的過程？①遺傳基因　②外在環境　③知識　④情緒。

3.(　)什麼時期的經驗，是決定個人成長後適應生活的重要因素？①青少年期　②青年期　③兒童早期　④兒童晚期。

4.(　)學習是經由那兩項因素而發展？①內在潛質和天賦　②外在環境和技能　③練習和努力　④知識和情緒。

5.(　)個人道德觀念的發展依序爲：①他律→自我中心→自律　②自我中心→他律→自律　③自律→自我中心→他律　④他律→自律→自我中心。

6.(　)嬰兒期（出生至兩歲）道德觀念的發展有何特徵？①自我中心　②他律　③自律　④尚未發展。

7.(　)從心理發展來看，那一時期是傳洛伊德所認爲人格發展的兩性期？①成年期　②青少年期　③兒童晚期　④兒童前期。

8.（　）成年時期的特徵是什麼？①步向生活獨立　②職業成就高峰期　③情緒不穩定　④反抗權威。

9.（　）老年人生、心理老化應避免什麼？①劇烈運動　②休閒活動　③藝術陶冶　④健康檢查。

10.（　）嚴重的行爲問題多半來自：①突發事件　②外在環境的影響　③兒童時期的不適應　④遺傳的影響。

二、塡充題

1. 影響人類身心成長的重要因素是＿＿＿＿與經驗、成熟與＿＿＿＿。
2. 就認知能力的發展，皮亞傑認爲大多數青年會進入＿＿＿＿的認知期。
3. 每個人成長過程中，雖有共同模式可預知，但其間仍可能有很大的＿＿＿＿存在。
4. 由於人類身心發展具有階段性，而每一階段呈現不同的身心特徵，因而引出所謂＿＿＿＿的概念。
5. 嬰幼兒運用身體的＿＿＿＿和＿＿＿＿來探索整個世界。
6. 兒童前期的兒童開始運用語言、＿＿＿＿、圖形、符號來思考，但思考方式以＿＿＿＿爲中心。
7. 兒童後期影響孩子社會能力的主要力量爲＿＿＿＿和＿＿＿＿。
8. ＿＿＿＿時期是個人生理成熟及心理各方面統整的重要關鍵時期。
9. 依據艾瑞克遜的看法，青少年已進入＿＿＿＿或角色錯亂時期。
10. ＿＿＿＿時期個人職業成就達到高峰，但生理機能開始衰退。

三、申論題

1. 人類身心成長的原則有那些？
2. 青少年的心理特徵，主要包括那些現象？

活　動

心事分享——少年十五、二十時

吳美嬌

一、活動目標

解決自己及同儕的身心困擾問題。

二、活動過程

1. 書寫：教師發給每位學生一張白紙（或用測驗紙）不具名寫下自己身心困擾問題。教師逐一唸出後歸納成若干問題，寫於黑板。
2. 分組討論：依排或隨機分組，每組就黑板問題提出解決方法。
3. 分組報告：由組長將討論結果依組別報告。
4. 全班討論：就各組的解決方法提出補充或質疑。
5. 綜合歸納：教師就各組提出之問題解決方法逐一解析其優缺點供學生參考。

6.好書介紹：教師推薦相關書籍，如：《有子十五二十時》(遠流出版社)、《悸動的青春》(張老師月刊社)，供學生課後參閱。

第二章　自我認識

陳秉華

第一節　自我認識的重要

每個人都會認爲愛惜自我、重視自我是重要的。要認識自我、瞭解自我才能夠做適合自我、能發揮自我的事，才能夠使自我快樂，才能夠使自我成功，這就是爲何要關心「自我認識」的理由。

一、多元社會需要自我認識

在傳統社會，自我認識不是極重要的，因爲在一個一切都「被安排」的時代，價值觀並不是多元化，你要做什麼事、從事什麼職業，甚至你要做個怎樣的人都是被決定的，都是有個「標準答案」的。而如今，每個人都可以根據自我理性的抉擇，做自己喜歡的事，做自己想做的事，機會增加了，選擇性也增加了，因此在確定自己要做個怎樣的人，要過一個怎樣的生活，要與別人建立怎樣的人際關係，要從事怎樣的職業，甚至要不要結婚生子……都不再是「理所當然」的有一定的標準，而是可以自己來「選擇」的。如此，如果不能較清楚、整理出自己是個怎樣的人，面對人生一連串的選擇時，很可能就會手足無措，不知道自己該往何處去，以至於到處摸索碰撞，可能因此累積很多挫敗經驗，使自我志氣消沈，失去自信。或許也可能因爲不夠瞭解自己，無法爲自己的生活做選擇、判斷，而缺少省思，就接受了別人的安排，到了人生的某一個階段，可能會突然發現不合適了，懊悔不已；若能夠有勇氣轉變，重新選擇自己合適的，倒也是機會，但更常常爲了減少損失，就將錯就錯下去，人生的路就愈走愈覺得不堪回首了。

二、開放社會，重視個人獨特的生命價值

一個開放的社會，重視個人的獨特性，肯定每個人都有獨特的價值與功能，也鼓勵每個人去做出合適自我的選擇，讓個人能藉著發揮他（她）獨特的生命特性，而活出他（她）存在的價值，在這樣的一個社會，談自我認識有了它的基本立足點，談「自我認識」才有它的必要性。

三、自我認識可經營出有價值的人生

人類重視自我，珍惜自我，不願意自己是迷迷糊糊地說不清楚自我是誰，人類也渴望當能夠更多認識自我之後，也就能夠有更多掌握自我，開發自我的能力，爲自我經營出一個更令自我滿意的、有價值的人生，因此，對談「自我認識」就十分具有積極的、肯定的意義。

四、尊重每一個人是獨特存在的個體

談「自我認識」也有另一層意義，那就是基本上肯定每個人都是有獨特性的，都是値得也需要透過努力被自我與別人深刻瞭解的。不可否認的，人與人之間都有一些相似的地方，但也有很多彼此不同的地方，的確，世界上沒有另外一個人會與自己完全一模一樣。既然每個人都有差異，每個人都是一個獨特存在的個體，爲了對每一個個體都有一分尊重，重視每一個人（包括自己在內）都是一個很可貴的、存在的生命，就不能輕忽的把人「等閒視之」，不能把人都當成一個樣式來對待。因此，需要對每一個存在的個體都細心地瞭解與對待，同樣地，也要如此對待自我、重視自我，這就是在談「自我認識」之前先要有的基本態度。

五、自我認識是主觀的歷程

此外，人對自我的認識基本上是一個十分主觀的歷程，因爲當事情發生在自己身上時，只有自己最能眞切地知道這些經驗是什麼，他人是很不容易能替自己說出來的，所以俗語說：「如人飲水，冷暖自知」。一個人對自我的認識也是如此。發生在自己身上的經驗、感受，旁觀者是無法加以否定的。所以當每個人說：「我認爲我是一個怎樣的人……」這樣的話時，他（她）就是說這些話的主人，是最有權威的人，身邊周圍再熟識他（她）的人也沒有理由來反駁他（她）的說法。所以每個人在談對自我的認識時，都可以是理直氣壯的，因爲只有自己才夠資格爲自我說話。

第二節　人不容易「自我認識」

雖然說只有自己才最認識自我，但是平心靜氣地想想，眞的能夠有些把握地說得出來「我認識自己、我知道、說得出來自己是個怎樣的人」，這樣的人還不是很多呢，更不要說能夠興高采烈地、昂首挺胸地說：「我喜歡現在的自己！」這樣的人在周遭就更是不常見了。

爲什麼人理論上應該是最認識自我的，但實際上卻又常感覺到不夠認識自我呢？這個疑惑在許多青少年及青年人身上又更明顯，到底是什麼原因呢？

一、人不斷成長

第一個原因是來自於人成長的不穩定、變動性。人活著，就是不斷在成長，不斷在接受新的經驗，也就不斷在改變。因爲人不斷在變化，所以人對自我的瞭解與認識就不可能窮盡，隨著人的成長，對自我的新的看法就會不斷湧出、成形，所以隨著年齡，人對自我的認識就會愈來愈豐富。人的成長與變化，也會隨不同的發展階段而有所不同。尤其青少年時期，身體快速生長與變化，而引起調適的困難，心理學家艾瑞克遜（Eric Erikson, 1968）尤其重視人賦有對追求認識自我、完成自我的發展與統整的任務，他認爲在青少年階段，其身心發展的變化，帶給自我的是強烈地需要由對自我的模糊迷惘，到希望能確立自我形象，意識到自我是個鮮明獨立的個體。換句話說，就是要認識自我，並且開始學習要「作自己」。這是一股十分強大的內在動力，驅使青少年對自我由懵懂的意識、習慣於被聽命、被塑造的狀態，邁入開始自我探索與自我定位的旅程，這個階段會產生極大的心理困惑與動盪，也會令青少年做出看似很激烈、極端、獨特異行的舉止，而遭到周遭人排斥的眼光，這一切都道盡了一個人在追求認識自我的過程中的艱辛。這個「狂飆期」一直要到一個人進入了青年期之後，經過了好幾年的內心的動盪、外在的探索行爲，身心又再逐漸穩定，對自我有了比較清晰的想法，對自我的認識邁入了新的里程。但是人仍然是不斷繼續在成長的，隨著人生角色的增加，人生的一些際遇歷練，有時候仍然是會讓一個人又陷入自我迷惘或是再次成功地確認自我，例如對高中生或甚至大學生而言，一次重要考試的失敗，仍然是會影響到對自我學業能力的懷疑；一次成功的戀愛經驗，也會肯定自我是被愛的人；這些都會繼續在人生中影響一個人看待自我的重要經驗。

二、人的心理特質不易客觀測出

第二個原因是對自我的認識無法由一些客觀的儀器或是工具測量出來。要說出自我的外貌、五官、長相、身高、體重並不難，因爲可以照鏡子，有身高器、體重器，可以客觀地量出來，所以我們可以有把握說得出來，甚至還能夠用具體的數字與他人比較高矮與輕重。但是很多內在的、心理的特質，就不是這麼容易說得出來。當然可以藉著心理測驗，測出人的智力、性向能力、個性、興趣，但是心理測驗其實很複雜，一般沒有受過專業訓練的人，不易自己解釋其所表達的意義。更何況有很多更複雜的心理狀態，是目前有限的心理測驗無法測出的。

三、認識自我依賴個人的內在參照標準

第三個原因是來自於人過分強調以外在的表現及標準來衡量與認識自我，而忽略了認識自我也需要依賴個人的內在參照標準。現代人生活在一個高度「與別人比較」的社會中，青年人面對高度與別人比較的壓力，首先反映在考試制度中。長期以來，我們不知不覺中學會了以「課業表現」、「學習能力」來肯定自我，也成爲衡量與認識自我的有限指標。進入社會，好的外表、好的成就都是大家爭取以獲得被認可、受重視的「成功」擁有物。但是一旦過分強調達成這些外在標準，往往就使我們輕視、忽略、不看重自我所擁有，但是異於這些社會認可的其他的獨特的人格特性。因此當自己愈接受、愈要自我向社會的標準認同，同時也就可能愈不能接觸、認識、甚至不能欣賞到自我眞實的面貌。

四、人使用自我防衛機制

第四個原因是來自於每個人都會因爲自我防衛機制的使用，而導致產生自我的盲點。根據「自我防衛機制」(Defense Mechanism) 解說得很清晰的心理分析學家安娜・傅洛依德 (Anna Freud, 1966) 的說法，人爲了減低焦慮感，人會不自覺地 (潛意識) 使用一些方法來保護自我，並不受到焦慮的威脅，但因爲這些使用的方法，基本上都是屬於內在隱藏的心理活動的歷程，並不能夠眞正去除環境中實際存在的威脅，而只是使個人改變對環境的主觀看法，使自己感覺比較好

受而已，所以自我防衛機制都含有自我欺騙的成分。因爲人在焦慮感升高時會使用自我防衛機制，因此，人其實也不斷在做某種程度地自我欺騙，人會有不能認淸眞實自我的盲點，這就造成每個人都不可能完全眞實地認識自我。

第三節　自我概念的形成與發展

一、自我概念的意義

一個人如何形成對自己的看法？在心理學中這是探討「自我概念」的課題。根據《張氏心理學辭典》（民國七十八年，第五八六頁）的定義：「自我概念是指個人對自己多方面知覺的總和，其中包括個人對自己性格、能力、興趣、欲望的瞭解，個人與他人和環境的關係，個人對於處理事物的經驗，以及對生活目標的認識與評價等」。簡而言之，自我概念就是一個人根據長期累積的生活經驗，所形成的對自己各方面的看法與評價。一個人會不斷問自己：我有什麼才能、興趣？我的個性如何？我是怎樣的人？我的價值觀、生活目標爲何？我要如何發揮自己的特長？我要成爲一個怎樣的人？我喜歡自己嗎？我覺得自己是有價值的人嗎？這些問題都是圍繞在「自我」的各方面，都是爲了要爲自我定位，人追求「對自我的瞭解」是一個十分主動的，並且十分有意識的心理歷程。

二、自我分成三層面

美國心理學家威廉•詹姆斯（William James, 1890）曾經把人對自我的認識分成「物質我」、「社會我」和「精神我」三個層面。「物質我」是指個人的軀體、衣著、個人所擁有的物品等，這是以物質存在來界定「我」的一種方式。「社會我」是指集合生活周圍的他人對我的看法和認可，這是透過一層社會關係來界定「我」。「精神我」是指個人內在的主觀感受，這包括了一個人對自我的瞭解、透過自我的意識來選擇自己要如何與環境接觸，這是以精神存在的方式來界定「我」的第三種方式。

三、自我概念的形成與發展

國內教育學者郭爲藩（民國六十八年）藉用軀體我、社會我、心理我（即精神我）的觀點，將自我概念的形成與發展分爲三個階段，分別爲「唯我中心期」、「客觀化期」與「主觀化期」。

㈠唯我中心期

「唯我中心期」是軀體我萌生與成長的階段，橫跨由嬰兒出生至三歲左右的這段時期，幼兒主要形成的是對自我軀體的概念，藉著透過本身軀體所得到的感官知覺及作出的選擇反應，幼兒在經驗中發現自我，並且進行自我與環境的接觸，以至於到了三歲左右，因著心智能力的成熟，形成了穩定的對自我形體、外貌的認識，也能夠區分自我與他人是對立分開的關係。

㈡客觀化期

「客觀化期」是涵蓋了三歲到青春期，是個體接受社會化最深、形成團體意識最強的一個時期。兒童透過一連串被賦予的「角色」，逐漸發展出社會我的概念，而其言行舉止也逐漸爲社會價值觀所規範。例如小孩的性別角色意識就是在這個階段成形的。此外道德概念、社會性的成就動機、對於加入群體的適應性行爲的學習，都在這個時期內發展成熟。

㈢主觀化期

「主觀化期」由青春期到成年，心理我（精神我）快速發展，青少年有能力以自我爲出發點，從內在瞭解自己的心理現象，產生獨特的對自我的意識與自我的反思，也能透過自我的觀點，去認識評價外界事物，因而也發展出了個人穩定的價值系統，有能力在升學、生涯、交友、婚姻等的人生課題作選擇與決定。到了成年，軀體我、社會我、心理我都相繼發展成熟，形成穩定而獨特的自我概念。由以上所描述的自我概念的發展看來，自我的認識是隨著個體的成熟、個體與環境長期的互動所形成的。

四、自我尊重

談到自我，另一個常被討論與心理健康關係密切的觀念是「自我尊重」（Self-Esteem）。所謂自我尊重，是指一個人對自己是一個怎樣的人所擁有的自我評價。一個人可能覺得自己很好，欣賞自己、喜歡自己、感到自己是重要的，這是對自己有高的自我尊重的態度。一個人也可能覺得自己很差，看輕自己、討厭自己、不認爲自己有價值，這是對自己低的自我尊重的態度。

五、自我接納

羅吉斯（Rogers, 1951）認爲，心理健康的人，外在環境所提供的看法只是作爲個人經驗的參考，而不能夠取代個人透過獨特的內在自我所形成的經驗與認識。有時候，人會爲博取外界環境的接納與讚許，害怕被拒絕、被孤立，而一味地接受別人對自己的看法，甚至有意地把自己雕塑成爲別人喜歡的、別人認可的樣子，因此付出了很高的代價，包括不認識自己原來的面貌、對自己感到迷惘，甚至勉強自己適應別人，爲適應環境而感到痛苦與矛盾。若是由這樣的觀點來自我認識，那麼就要先從自我接納、自我肯定自己本來的面貌，即使自己的面貌可能不是別人所羨慕、所崇拜的，但是卻能夠自己先肯定自己、接受自己、喜歡自己。

六、家庭、學校、社會協助個人確認自我

我們的家庭、學校、社會在協助一個人確認自我的過程中，扮演著重要的角色。家庭、學校、社會尊重每個人都有他（她）的獨特面，容許與認可每一個差異性的存在，這種尊重、容許與接納，就會鼓勵個人認識眞實且獨特的自我。一旦人認識了自我，就會珍惜、肯定自我的價值與功能，用一種爲自己負責，也對周圍的人負責的態度生活。另一方面社會也要提供良好的楷模與示範，提供値得個人學習的社會生活素材，使個人能夠在社會化的過程中認同、內化良好的社會規範與社會角色，成爲一個健康的社會人，既能表現獨特的自我，又能發揮社會人的功能。

第四節　增加對自我的認識

要達到深切的自我認識，雖然有許多的阻礙，但是並不表示自我認識的困難是不能突破的。

一、學校課程的實施增進自我認識

青少年學生心智能力的發展與成熟的程度，已能夠進行抽象思考與邏輯推理。因此，青少年學生，可以藉著學校心理或情意教育的課程，學習穩定自己的情緒，瞭解自己的動機，明白自己內在心理需要，建構對環境認識與解釋，掌握自己的行爲反應模式及習慣……等等，這樣對「自我認識」的增進都是有意義的。學校公民課程的實施其實就是爲了協助青少年達到這個目標。

二、透過與他人相處認識自我

除了透過學校的教學課程之外，對於一個青年學生，個人可用來增加自我認識的方法也很多，有一種方式即是透過與他人的相處來認識自己。談到自我概念的形成，有一重要的理論是透過他人的眼光來看自己，就是說透過與他人相處來認識自己。除了與別人比較自己外在的表現（例如外貌、學業表現、其他成就表現），來認識自己與別人的相同或不同之處，還有很重要的是透過別人眼中認識到的我來看到自己不自知、對自己有盲點的所在。有時候，因爲種種原因，自己看自己並不見得眞切，尤其是對自己的一些不喜歡的特質，自己更是常常不願意看見、不願意承認，久而久之也就不能自我覺知了。這時候，如果周圍有認識你的人，將他對你的看法眞實地說出來，有時候會對自己是一個驚愕，或是感到不服氣，但是再經心平氣和的思考，也會不得不承認別人眼中的我的眞實性，這種方式的確能夠增加對自我的覺知與認識。

三、進行自我分析與自我對話瞭解自我

此外，個人也可以嘗試對自己進行自我分析與自我對話的練習。自我分析是最早心理分析學家傅洛依德（Sigmund Freud, 1949）用來分析瞭解他自己的方法，目前有許多方法可以進行自我分析，例如，寫日記，記錄自己的思想、情感、以及行爲反應的變化，追溯自己內在的心理狀態。自我對話的練習是當自己感到有衝突或矛盾的情感或思緒時，把自己想像投身在衝突的兩極，進行兩極化的自我對談，藉以發現、揭露更深的內在隱藏的想法與情緒。這是一種十分有效的增加自我覺知的方法。一些簡單的自我對話，則是在自己做出行爲反應之後，停下來反觀自己，問自己：「我怎麼會這麼做呢？我這麼做、這麼說背後有什麼原因嗎？我還有什麼隱藏的原因是我不自知的嗎？」當然進行這樣的自我對談，是需要一些心理學、諮商輔導學的基礎，對有些沒有這方面學科背景的人，可能在想要開始練習時會感到困難、無方向可依循，但習慣了也就能夠進行較深入的自我瞭解。對於自我分析、自我對談不熟悉、不習慣的人，可以找專業人員協助，這就是一般人稱之爲「心理諮商」，心理諮商可以以一對一的個別諮商方式進行，也可以用小團體的諮商方式進行。在一位有專業訓練的心理諮商員的帶領及引導下，一位求助者，或是一小群人（通

常是八人至十人左右），進行深入的、與自己發生的經驗有關的話題進行交談，藉著這個交談的過程，對自己以及自己與他人的關係有更深層的發現與瞭解。往往，在進行心理諮商的過程中因爲深入地回顧自己，人會體驗到種種喜怒哀樂的情緒，但是在諮商結束時，又會爲所增加的自我瞭解滋長出一份新生的喜悅，也會因此更加珍惜自己、體恤自己、以及重視自己、爲自己的生命及存在負責，也更有自己清楚的目標與方向感。

由以上的論述看來，增加一個人的自我認識，可透過與別人討論對自己的看法，或是透過一個獨特的自我探索與自我發現的過程，認識到內在眞實的自我，這兩種說法都顯示出了認識自我與我們的環境，與周遭人的接觸的關係是密不可分的，一個清楚穩定、健康的自我概念是藉著周圍人的支持、肯定、提供回饋，也是藉著一個人對自我知覺的經驗的接納與統整，這雖然可能是一個漫長的學習過程，但也是一個深具意義的學習過程。

推薦進修書目

1. 郭爲藩，《自我心理學》，開山書店，民國六十八年再版。
2. 張春興，《張氏心理學辭典》，民國七十八年。
3. Erikson, E. H. (1968), *Identity: Youth and Crisis*, New York: Norton.

4. Freud, A. (1966), *The Ego and the Mechanism of Defense*, New York: International Universities Press, Inc.
5. Freud, S. (1949), *An Outline of Psychoanalysis*, New York: Norton.
6. James, W. (1890), *Principles of Psychology*, New York: Holt.
7. Rogers, C. R. (1951), *Client-centered Therapy: Its Current Practice, Implications, and Theory*, Boston: Houghton Mifflin Company.
8. 張哲夫譯，《發現自我與改變自我》，臺北：巨流圖書公司，民國六十七年九月。
9. 陳宏仁譯，《如何學習自我控制》，臺北：桂冠圖書公司，民國七十四年一月。
10. 夏林清著，《探索自我》，臺北：張老師出版社，民國七十六年五月。
11. 劉惠琴著，《從心理學看女人》，臺北：張老師出版社，民國七十三年三月。
12. 蔣劍秋著，《青年輔導》，臺北：光啓出版社，民國六十六年。
13. 甘陽譯，《人論》，臺北：桂冠圖書公司，民國八十年五月。
14. 李明濱譯，《自我的掙扎》，臺北：志文出版社，民國七十三年二月。
15. 陳華夫譯，《自我影像》，臺北：問學出版社，民國六十七年五月。

習　題

蔡居澤

一、選擇題

1.(　)在一個價值觀多元化，選擇性增加的現代社會裡，什麼課題是最重要的？①自我認識　②認識別人　③認識價值　④認識環境。

2.(　)要深刻瞭解自己必須基本上肯定每個人的什麼特性？①從眾性　②相似性　③獨特性　④差異性。

3.(　)俗語說：「如人飲水，冷暖自知」是形容人對什麼方面主觀的認識？①旁人　②自然環境　③自我　④價值觀。

4.(　)每個人在談對自我的認識時，都可以是：①沒有道理的　②理直氣壯的　③不客觀的　④有偏見的。

5.(　)人之所以不夠認識自我，頭一個原因是：①遺傳基因不受人類控制　②環境影響太大　③學習得不夠多　④人成長本身的不穩定。

6.(　)心理學家艾瑞克遜以什麼來劃分人生？①成長年齡　②成長階段　③成長時期　④成長速度。

7.(　)青少年爲何會做出獨特激烈的行爲？①爲了自我探索及定位　②爲了反抗權威　③因爲意識的懵

懂　④因爲慣於聽命及被塑造。

8.（　）我們常會感受到生活的壓力，原因是：①與自己比較　②知道自己的心理狀態　③強調內在的表現　④忽略了個人內在參照標準。

9.（　）美國心理學家威廉・詹姆斯曾經把人對自我的認識分爲那三個層面來談？①本我、自我、超我　②大我、中我、小我　③物質我、社會我、精神我　④自然我、社會我、個人我。

10.（　）一個人對自己是一個怎樣的人所擁有的自我評價，就是一個人的什麼態度？①自我尊重　②自我挑戰　③自我瞭解　④自我懷疑。

二、填充題

1. 自我概念就是一個人根據他長期累積的＿＿＿，所形成對自己各方面的看法和評價。
2. 個人唯有先透過自我肯定、＿＿＿，方可避免一味迎合別人，不認識自己原來的面貌。
3. 心理分析學家傅洛依德用＿＿＿來做爲他瞭解自己的方法。
4. 青少年學生可藉著學校的心理與情意課程，如學校的＿＿＿來達成增進自我認識的目標。
5. 利用專業人士的帶領來協助自我的認識稱爲＿＿＿。
6. 心理學家艾瑞克遜重視人的一生賦有對追求＿＿＿、＿＿＿的發展與統整任務。
7. 人不容易認識自我的原因之一是：人的內在表現不容易用客觀的＿＿＿或是＿＿＿加以測量。
8. 心理學家安娜・傅洛依德指出人容易因爲＿＿＿的使用而導致對自己的盲點。

9. 一個人是如何形成對自己的看法？在心理學中這是有關＿＿＿＿的課題。

10. 一個開放的社會，重視個人的獨特性，肯定每個人都有獨特的＿＿＿＿與＿＿＿＿，也鼓勵每個人做出合適自己的選擇。

三、申論題

1. 爲什麼人理論上應該是最認識自己的，但實際上卻又常感覺到不夠認識自己呢？

2. 試舉例說明如何增強認識自己的方法？

活　動

吳美嬌

偶像拼圖——「社會我」與「精神我」

一、活動目標

比較「社會我」與「精神我」，進而改進自己缺失。

二、活動過程

1. 分組討論：教師將學生分組，每組選定班上一位同學當偶像（不一定是活躍人物），並寫出其五種以上特質。

2. 偶像拼圖：每組就討論之特質演出後，由他組猜此位偶像是誰（演出以他組猜中即停止，不一定要演完所有特質）。

3. 解說與申辯：被猜中的偶像，可就別人演出的特質辯解，並說出別人演出的觀後感。

4. 結束活動

⑴教師就每位「偶像」的「社會我」及「精神我」評析，使每位「偶像」均能悅納別人的觀點，做爲自己省察的參考。

⑵教師將每位學生的「精神我」列入作業，讓學生作自我省察的功夫。

第三章　有效學習

陳李綢

「學習」是學校生活中主要的活動。所謂「學習」是指個體經由練習和經驗而發生「知識」或「行爲」改變的歷程。因此，學習不僅是個人知識與技能的獲得，而且是個人人格與自我行爲的改變。從心理學觀點言，學習重視學習的結果，亦重視學習的歷程。因學習而產生個人行爲或知識的改變，有正面的，也有負面的。舉凡動作技能的獲得，如聽、說、讀、寫等技能；心理能力的獲得，如加、減、乘、除等數學運算技能、語文理解能力等皆爲學習的結果。但是個人在疲勞、藥物或疾病的影響下，所產生的短暫性或持久性的改變行爲亦是受學習的作用。因此，有效的學習是指個體在學習歷程中獲得行爲的正向改變和知識技能的增加。

第一節　學習結果的種類

學習結果有許多不同的種類，每一種類的學習結果所使用的原理原則，並不一定能適用其他類的學習結果。學習結果可能發生於教室內，亦可能發生於課堂外。心理學家蓋聶❶將人類學習結果分爲五大類：即語文知識、動作技能、態度、心智技能及認知策略等五種。

一、語文知識

這種學習結果是指個人獲得一系列語文反應的能力（例如，背誦字母），與獲得名稱及事實性

❶ 蓋聶（Robert M. Gagné, 1916-）是美國著名的教育心理學家，是有名的教學設計專家，他於一九七七年在其所著的《學習條件》一書中，將學習結果分爲五類。

圖一　學習不僅是個人知識與技能的獲得，也是個人人格與行爲的改變。

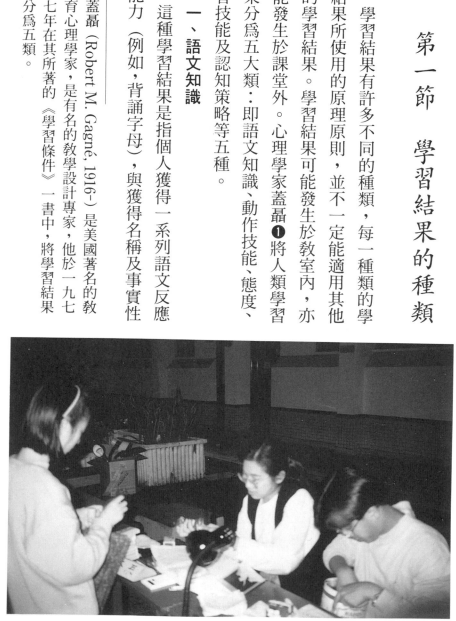

知識（例如，知道老虎是什麼？長方形是什麼？或是知道環保的知識內容等）。

二、動作技能

動作技能是指個人能夠流暢地表現身體肌肉及生理的能力，例如：穿衣服、寫字、畫圖、學琴及打球等運動技能等。

三、態度學習

態度是指個人選擇某種行動能力的傾向，例如學生對讀書或美術所持的態度是主動的？抑或被動的？是感興趣？或不感興趣？此種結果是依據學習活動和學習結果而獲得訊息所產生的。

四、心智技能

這種能力是指個人能有效應用所獲得的語文知識、動作技能等能力去適應社會的能力，也就是個人能活用及應用語文知識及動作技能的能力。其範圍包括日常生活技能（如收支平衡、分析報紙新聞等），也包括語文概念的獲得、數學的應用等。

心智技能與其他類學習不同，它還包括四種技能，由簡單到複雜分別爲：辨別學習、概念學習、原理原則的應用及解決問題等四個層次的學習。

五、認知策略

認知策略是指個人能掌握自己的學習、記憶和思考、推理等的能力。也就是個人在學習歷程中能執行及控制自己的學習方法及原則，以達到解決問題的目的。例如，學生能利用歸納法推論牛頓運動定理，或數學函數關係等，使用歸納法推論定理或其他事物，便成為個人的一種認知策略。

認知策略與語文知識和心智技能不同，認知策略是指個人的思考歷程；語文知識重視事實性知識內容，心智技能亦重視知識內容的思考及技能的獲得。

第二節　學習的歷程

從學習的定義來看：有的學者認為學習是行為改變的歷程；有的學者認為學習是知識改變的歷程。因此學習的歷程可從兩種取向來探討。

一、聯結論——行為取向的理論

有些心理學家認為學習歷程就是刺激與反應之間聯結的建立。這種新聯結的形成，就是學習歷程。這種學習理論，被稱為刺激反應聯結論，或簡稱聯結論。代表人物有俄國生理學家巴夫洛夫❷，美國心理學家桑代克❸與史金納❹。他們對學習歷程的解釋分別敍述如下：

1. 古典制約學習

❷ 巴夫洛夫（Pavlov, I., 1849-1936）是俄國生理學家，一九〇四年由於他對於消化生理學的研究而獲得諾貝爾獎。他一生從事研究工作，制約反射實驗研究上的成就，獲得後人的推崇。

制約學習是指經由增強作用而建立的刺激與反應聯結歷程。可以分成古典制約學習與操作制約學習兩類。古典制約學習是以巴夫洛夫的實驗研究爲代表。

巴夫洛夫將狗拴在一個不受外界聲音干擾的實驗室的架子上。從狗的腮部接一根唾腺導管引到體外，以便在實驗進行時測量唾液分泌的情形。實驗時，實驗者在觀察室利用控制設計發出鈴聲，隨即將食物送到狗的面前，此時狗因欲進食而增加唾液分泌。經過多次重複練習以後，實驗者發現，在鈴聲響了而食物尚未出現之前，狗的唾液便會開始增加分泌；最後單憑鈴聲即可引起唾液分泌，這樣制約學習便已建立。此種制約學習的歷程，可以左圖加以說明。

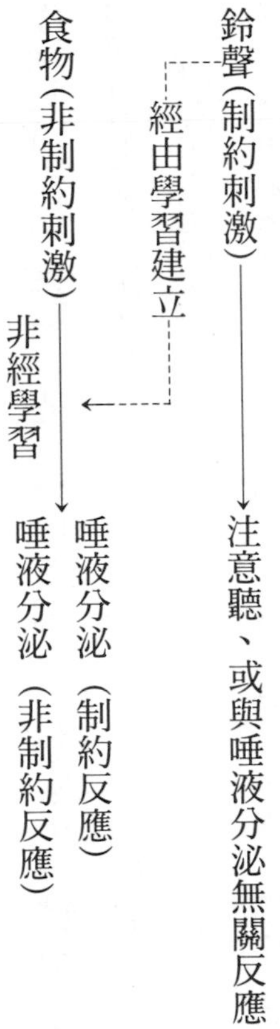

❸ 桑代克（Throndike, E. C., 1874-1949）是美國心理學家，他於一八九八年從事著名的貓出迷籠的實驗研究，獲得哥倫比亞大學博士學位。一九一四年出版第一本教育心理學教科書，全書有三冊，第一冊論人類本性，第二冊論學習心理，第三冊論個別差異，是當代最有影響的教育心理學家。

❹ 史金納（Skinner, B. F., 1904-1990）是操作制約學習論的創始人，是美國當代極有名望的心理學家。他的操作制約學習理論與實驗等，對後來學者們的研究影響甚大。

古典制約學習可以用來說明很多行爲的學習歷程。例如：人類對「鬼」字的懼怕反應可以用古典制約說明：一般人對黑暗會產生害怕反應，但在未瞭解「鬼」字之前，見到「鬼」字一般人並沒有害怕反應；只是每當別人解釋「鬼」字時會與「黑暗」刺激聯結，久而久之，看到「鬼」字亦會產生懼怕反應。

2. 操作制約學習

操作制約學習的實驗研究，可以美國心理學家史金納爲代表。史金納所做的動物實驗，是使用他自己設計的箱子爲工具，稱爲史金納箱。箱內裝置有按鈕取食的槓桿、食物盤和發聲、發光等設備。實驗時，將飢餓的老鼠放入箱中，這時老鼠四處走動，顯得激動不安；在偶然的機會中，按動了槓桿，便有食物落在食物盤中，老鼠因而得食。如此反覆多次後，老鼠按槓桿的動作，便爲按槓桿後獲得食物而滿足的後果所控制。實驗最後階段，老鼠終能學會利用按動槓桿以取得食物。這時在刺激（槓桿）—— 反應（按動槓桿）—— 刺激（食物）的順序之間，產生了聯結的關係。操作制約學習的歷程可以左圖來說明之。

槓桿	→	按動槓桿	……	食物	→	吃
（制約刺激）		（操作性反應）		（增強刺激）		（非制約反應）

操作制約學習的聯結建立過程，就和古典制約學習的程序不一樣。例如想要訓練一隻狗在地

上打滾的動作，通常在進行訓練的時候，是先使狗在地上翻一個身，隨即給予食物作報酬。這時翻身的動作（反應）在前，而食物報酬（刺激）在後，因此不能將翻身動作（反應）視爲是由於食物（刺激）所引起的。

二、認知論——認知取向的理論

另外有些學者強調認知作用是學習的主要歷程，他們重視個體學習時對整個學習情境的瞭解。認知論者認爲，個體在學習情境中的一切反應，並不是雜亂零碎的，而是對整個學習情境作有目的的活動；學習不全是盲目的嘗試，也不是片段的制約反應，而是個體對學習情境的領會，並進而能把握關鍵所在，最後達成學習。認知學習研究中有兩項重要的動物實驗：即爲德國心理學家苛勒用猩猩做的頓悟學習實驗，及美國心理學家涂爾門用老鼠做的符號學習實驗。

1. 頓悟學習

頓悟學習是苛勒等人根據實驗研究發展出來的學習理論。苛勒用猩猩做了很多有關學習的實驗。其中有一隻比較聰明的猩猩名叫蘇丹，將牠放入有欄柵的籠子裡，籠中放置兩根粗細不同的竹竿，同時在籠外於用手或任何一根竹竿都搆不到的地方擺置香蕉。實驗開始時，蘇丹先用一根竹竿去拿取香蕉，始終沒有成功。後來牠在無目的的玩弄竹竿時，偶然以兩手各拿一根竹竿，並使兩竿連成一線，於是牠將較小的竹竿插入較大的竹竿中，便立刻跳到欄柵旁邊，用連成的長竹竿鈎取香蕉。蘇丹於解決這個問題之後，第二天牠竟能用三根竹竿連成一條更長的竹竿。苛勒解釋此頓悟的產生，是因爲個體已領會了學習情境中各種事物之間的關係。

2. 符號學習

認知論中第二項主要的實驗是涂爾門所做有關老鼠學習的實驗。他以「方位學習」實驗的迷津觀察老鼠從出發點到目的地獲得食物的反應。他認爲老鼠所學習的不是固定單純的刺激與反應的聯結，老鼠學習的是刺激與刺激（或符號）之間的關係，也就是說老鼠學到的是與食物箱所在位置的關係。

一般說來，比較簡單而具有習慣性的動作、技能或情緒反應等，其學習歷程固多偏重行爲取向——聯結論學習的原則，但是對那些比較複雜且需要抽象推理的學習，則個體的認知歷程至爲重要。

第三節　有效的學習策略和方法

學習策略是指在學習過程中，任何被學習者用來促進學習效能的活動。例如，主動的複誦學習材料，重新組織材料使成爲有意義的串節，用產生視覺印象來把學習材料加以精緻化等，都是學習策略的例子。茲介紹兩種學習策略和六種學習方法如下：

一、記憶策略——增進記憶及學習的方法

1. 複誦法：主動陳述或重複學習材料的各項目名稱，依複誦內容複雜度的不同，可有下列兩種不同的方法：

(1)累積複誦法：當學習材料出現時，要把目前爲止所看到的所有學習項目，全部依次重新唸出來。例如：背一篇文章有三段，第一次背第一段，背完後，再出現第二段，但背第二段文之前，先再背誦第一段，再背誦第二段。然後出現第三段文，也必須先從第一段背起，一直背誦到第三段等方法。

(2)部分複誦：當學習材料出現時，只須重新敍述先前所看過的材料中的一部分項目。例如：背誦三段課文，若只呈現背第二段，學生只須複誦第二段即可。

2. 組織法：學習者主動將所呈現的學習材料重新安排成幾個類別，以增進記憶。又可分爲下列七種方法：

(1)串節法：將一系列很多項目的學習材料加以分節，以增進記憶容量。如背一串列的數字，如 198675976854 可分成 198-675-976-854 四節來背。又如學音樂的學生需要記憶五線譜中的 EGBDF 調時，可以記爲 Every Good Boy Does Fine。

(2)排序法：將所要學習的材料依字母順序或依數學邏輯順序等方式加以記憶。

(3)分類法：將所要學習材料依其性質加以歸類，以增進記憶。

(4)大綱法：將所要學習的文章或材料，以列大綱方式加以記憶。

⑸建構法：將所要學習的文章或材料，以樹狀圖或網狀圖等圖示方法列出，以增進記憶。

⑹字首法：將所要學習的多項材料中，每個材料的第一個字首連接一起，以增加記憶。

⑺句子法：將所要學習的所有材料，連接成一個句子，以幫助學習。

3.精緻法：學習者主動將所呈現的學習材料賦予意義，將材料予以視覺化或口語化包裝，以形成心象，增進記憶及學習的方法。又可分為下列四種方法：

⑴關鍵字法：將要學習的材料轉變為容易發音的關鍵字，再將學習材料與關鍵字以心像鏈結，以促進記憶。如：要背誦 Silver 這個英文字及字義，可翻成「惜而花」的音——再形成「銀子」的心像，就記住 Silver——銀。又如 Song，可發音成「誦」，再形成唱歌的心像，就可記住 Song——歌。

⑵位置法：將所要學習的一系列學習材料畫成一個房間內的幾個位置，以協助記憶。

⑶假借法：即諧音法，將一系列的學習項目與大家熟知的口語或語音聯結，以增進記憶。如背歷史科目中八國聯軍，可譯成「餓的話，每日熬一鷹」，即為「俄、德、法、美、日、奧、義、英」。又如背數學公式 $Cos3\theta = 4Cos^3\theta - 3Cos\theta$，可譯成臺語寇三（一元三角）等於四寇三（四元三角）扣去三寇（三元）。

⑷敘述故事法：將所要學習的材料，編造成一篇故事情節，以促進學習。

二、理解策略——增進認知及理解的方法

1. 互惠學習法：即由學習者將所要學習的文章或題材，先摘錄重點練習，再自設問題，自行回答；再澄清疑慮，然後預測下一篇或下一段的文章或題材。此種方法主要目的在幫助學生自行理解文章內容。

2. SQ3R：另一種促進理解方法。S代表瀏覽，Q代表疑問，3R代表精讀，背誦及複習等三步驟。此種方法是讓學生學習一種材料時，先瀏覽一次，再從中產生疑問，設法尋求解答，然後再仔細精讀，背誦，最後再複習一次，以眞正理解學習內容。

3. MURDEF：另一種學習策略。M代表心情，U代表理解，R代表回想，D代表吸收，E代表擴展，F代表回顧。此種學習方法是讓學生學習新材料時，先有心情愉快及主動，再理解學習的材料內容，然後再記憶回想，同時一方面咀嚼吸收材料內涵及意義，等眞正理解材料內涵後，再擴張原有材料內容，尋求更多參考資料及相關材料，以擴展學習經驗，最後再隨時回顧及複習之，以如此步驟學習，將可促進個人對材料的理解及有效的學習。

第四節　影響學習與記憶的因素

影響學習與記憶的因素非常複雜，我們如果對這些因素有較淸楚的認識，則有助於增進學習和記憶的效果。影響的因素可分成主觀與客觀兩類來說明。

一、主觀因素

1.動機：動機是引發個體活動，使之朝向某種目標去努力的一種作用。動機就如同發動汽車的引擎。在學習過程中，動機的存在和動機的強弱將影響學習的效果。對人類的學習與記憶而言，如果能根據其需求，而引起內在求知欲望，將有助於學習和記憶效果。例如，一個學生對藝術有興趣，乃可利用其興趣，培養他學習藝術的動機，促使他在這方面去努力探求。同時，也可以利用獎賞、鼓勵等外來的方法增強其學習效果。

2.心向：心向是指個人生活中由習慣累積形成的隨時準備反應的心理狀態。如果個人面臨的學習情境與其習慣經驗相近或相同，必然使之較易於接納，而且有助於產生學習效果。因此，如何在日常生活中培養學生的學習心向，不失爲增進學習和記憶的一種方法。

3.情緒：情緒是個體受到某種刺激所產生的一種激動狀態。情緒有時可以促使個人表現更積極、更有效的反應。比如心情愉快，就有助於學習；輕度的焦慮也可以增進學習的效果。但是過度的緊張，則反而會妨礙學習結果。

4.注意：注意是個人對某些事件的選擇及注視。注意是有選擇性的，在日常生活中，有很多刺激出現，而通常人們只選擇少數刺激作反應；至於個人會注意那些刺激，則受個人的需要、動機或興趣、心向等的影響。因此學習過程中，注意力亦是一個主觀的影響因素。

5.成就感：成就可以增加一個人的信心，使其有勇氣去進行更具冒險性的學習，並且還可以提高個人的抱負水準。因此在學習過程中，使學生獲得成就感，增進自信心，將有積極鼓勵的作用。

二、客觀因素

影響有效學習的客觀因素可從學習材料及學習方法來探討。

1. 學習材料方面：在學習材料方面，學習材料的長度、材料的難度、及學習材料的意義性，皆爲影響個人有效學習的主要因素。學習材料愈長，練習次數要愈多，學習困難度增加。學習材料的難度，亦會影響到學習的效果。太容易的材料，對學習者缺乏挑戰性，不易引起學習興趣；太難的材料，則因超過個人學習能力，學習不易成功，反而喪失信心；因此材料難度適中，才能有助於學習效果。學習材料愈具有意義，將有助於學習，因此在學習過程中，使學習材料的內容更具意義化，才有助於學習和記憶。

2. 學習方法方面：學習方法可因學習時間的安排，採用集中練習或分散練習的學習方式；亦可因學習總量的分法，分爲整體學習和部分學習兩種方式。這些學習方式常因學習材料的性質、學生的年齡、能力、經驗和習慣等因素的影響，而有不同的學習效果，因此在學習時間的安排及學習總量的安排上，都應考慮到上述各項因素，再參照學生的個別差異，加以妥善的運用。

推薦進修書目

1.多湖輝著，玉竹譯，《新創讀書記憶法》，臺北：信宏出版社，民國七十八年。
2.克勞著，兵介仕譯，《如何有效學習》，臺北：桂冠圖書公司，民國七十五年。
3.邵瑞珍等譯，《學習理論》，臺北：五南圖書公司，民國七十九年九月。
4.溫世頌著，《教育心理學》，臺北：三民書局，民國六十七年。
5.阿德勒著，張惠卿編輯，《如何閱讀一本書》，臺北，桂冠圖書公司，民國七十五年。

習　題

蔡居澤

一、選擇題

1.(　)下列那一項是指個體經由練習和經驗而發生知識或行爲改變的歷程？①成熟　②遺傳　③學習　④環境影響。

2.(　)就學習結果來看，那一類是指個人的思考歷程？①語文知識　②動作技能　③心智技能　④認知策略。

3.（　）就學習的歷程來看，可從那兩種取向來探討？①行爲與認知　②語文與態度　③動作與認知　④心智與態度。

4.（　）我國生理學家巴夫洛夫狗與鈴聲的實驗研究爲那一項理論的代表：①操作制約學習　②頓悟學習　③古典制約學習　④符號學習。

5.（　）認知論中以老鼠做符號學習實驗的是那一位心理學家？①苛勒　②涂爾門　③巴夫洛夫　④史金納。

6.（　）記憶策略中，學習者主動將所呈現的學習材料重新安排成幾個類別，以增進記憶是爲：①組織法　②複誦法　③精緻法　④互惠學習法。

7.（　）理解策略中的SQ3R法，Q代表什麼？①瀏覽　②精讀　③背誦　④疑問。

8.（　）可以利用獎賞、鼓勵等外來方法來增強學習效果，是運用影響學習與記憶因素中的那一項？①心向　②學習材料　③情緒　④動機。

9.（　）影響學習與記憶因素的「成就感」一項可增加學習者的：①刺激　②信心　③記憶力　④焦慮。

10.（　）影響學習與記憶的客觀因素有那二項？①動機與心向　②情緒與注意　③學習材料和學習方法　④成就感和自信心。

二、填充題

1. 學習不僅是＿＿＿＿的獲得，而且是個人人格與＿＿＿＿的改變。

2. 有效的學習是指個體如何在學習歷程中獲得行爲的＿＿＿和＿＿＿的增加。

3. 心理學家蓋聶將人類學習結果分爲五大類：語文知識、＿＿＿、動作技能、心智技能、＿＿＿。

4. 人類對「鬼」字的懼怕反應，可以用＿＿＿理論來說明。

5. 有些學者重視個體學習時對整個學習情境的瞭解，主張由＿＿＿取向，解釋學習歷程。

6. ＿＿＿是指在學習過程中，任何被學習者用來促進學習效能的活動。

7. 記憶策略中組織法之一的建構法是將所要學習的文章或材料，以＿＿＿或＿＿＿等圖示方法列出，以增進記憶。

8. 理解策略中的MURDER法：M代表＿＿＿；U代表理解；R代表回想；D代表＿＿＿；E代表＿＿＿；R代表回顧。

9. 影響學習與記憶的主觀因素中：＿＿＿是指個人生活中由習慣累積形成的隨時準備反應的心理狀態。

10. 學習方法可因學習時間的安排，採用＿＿＿練習或＿＿＿練習的方式；亦可因學習總量的分法，分爲＿＿＿學習與＿＿＿學習兩種方式。

三、申論題

1. 人類學習的歷程，可分爲那兩種取向？

2. 影響學習與記憶的主客觀因素有哪些？

活動

分組報告——錦囊妙法

韓青菊

一、活動目標

瞭解各學科有效的學習方法。

二、活動過程

1. 分組：教師於課前以學生各學科學業成就較高者編成國文、英語、數學、自然、社會等五組。
2. 準備：各組於課前蒐集各科學習方法的資料，包括錄音帶、圖片、剪報或訪問紀錄等。
3. 資料彙整：各組將各科學習方法要點摘列出，便於記誦。例如：
   (1)國文科應把握要旨、時時背誦、勤做筆記。
   (2)英語科重視朗讀、熟記文法、善用字典。
   (3)數學科加強演算、注重推理。
   (4)自然科注重實驗、細心觀察。
   (5)社會科應閱讀地圖、配合時事、系統整理。

4. 小組報告：各組以生動活潑方式表演或報告各科最有效的學習方法。
5. 教師結論。

第四章　家庭生活

黃迺毓

家庭是每一個人來到這個世界上最先接觸的環境，也是人類生活中最重要和最基本的一種組織。舉凡個人的生存，種族的延續，社會的維繫，國家的建立，都是以家庭爲依據。

近年來由於社會變遷迅速而激烈，現代的家庭在型態及功能上都已經改變了很多，有些人開始耽心家庭會在人類社會裡消失，也常常有不知如何去適應現代的家庭生活的困惑。到底什麼是家庭呢？家庭有些什麼功能呢？人類是不是一定需要家庭？如何使家庭生活更幸福美滿呢？這些都是本節所要討論的。

第一節　家庭的定義

大多數人都是生活在家庭中，對家庭的存在即視爲理所當然。一般人說到家，就想到是個可以吃飯和睡覺的地方，但是對專門討論家庭的人來說，家庭的內涵是非常豐富的，家庭必須能供給家庭中每個人必需的物質及精神的支持，滿足家人的生理及心理需要。

在民法上，稱家者，以永久共同生活爲目的而同居之親屬團體（民法第一千一百二十二條）。家既爲共同生活團體，則必須至少二人以上共同生活始可爲家，在戶籍上雖然可以有單獨戶長之戶，但民法上並不允許「單獨戶長」之家存在。而民法第一千一百二十三條是這樣說的：

家置家長。

同家之人，除家長外，均爲家屬。

雖非親屬而以永久共同生活爲目的同居一家者，視爲家屬。

綜合各種定義，家庭最普遍的定義是：家庭是一些人經由血緣、婚姻、或其他關係，居住在一起，分享共同的利益和目標。

第二節　家庭的功能

一個制度能繼續存在，必定有其功能，家庭也有許多的功能，要使家庭生活美滿，就是要使家庭的功能發揮，能夠顧及家庭中每個成員的需要。人的需要會改變，家庭的功能也必須隨著人的需要而調整，才不會產生「失功能」的現象，調適不良的家庭往往就是問題家庭，給人類社會帶來許多痛苦和傷害。

家庭的主要功能有那些呢？

一、經濟的功能

以前的家庭就像綜合農場和工廠，民生用品幾乎都是自己製造的，全家大小都從事生產，種菜、養雞、織布、釀酒，都在家庭裡自給自足。在現今的工商社會裡，家庭比較少自行生產，大多仰賴商品，家庭的經濟功能也由生產轉變爲消費，因此培養正確的消費意識就是現代人必備的知能。

二、保護的功能

以前的家庭是其成員的避難場所，不但平時提供遮風避雨的居處，以免家人受自然災害或外人的侵害，而且在家人生病、受傷、失業、或老邁時，更可以在家庭中得到照料及安慰。如今這些保護功能都有各種不同的專門機構來擔任，有醫院、警察局、保險公司、福利機構等等，人民繳了稅，讓政府統籌運用，來保障生活的安全。然而父母仍需盡保護子女之責，幼時即教導以安全意識，家人在遭遇困難時，也應彼此扶持，這是現代家庭的保護功能。

三、娛樂的功能

農業社會裡的生活型態是春耕、夏耘、秋收、冬藏，而且日出而作，日入而息，工作及休閒大都在家庭裡。現今社會上的娛樂場所增多，娛樂方式愈來愈複雜，大部分家庭無法有這些設施，所以家庭的娛樂功能也向外發展。幸好交通的發達和交通工具的便捷，使得家庭旅遊成爲普遍的休閒，許多家庭也有電視、錄放影機、伴唱機等等現代設備，供家人共樂。

四、宗教的功能

宗教信仰是道德教育的根據，傳統的中國人相信已故的祖先變爲鬼神，可以保祐子孫，因此子孫有義務去祭拜祖先，也要恪守祖訓，光宗耀祖。許多父母在教導子女時也常用鬼神來使子女懼怕而控制其思想及行爲。現代的家庭受到外來文化影響，逐漸能接受「愼終追遠不一定要祭拜」的觀念，也會鼓勵子女建立自信自主，不要迷信運氣。一般中國家庭的宗教功能不明顯，卻對家人的人生觀及價值觀造成極大的影響。

五、教育的功能

從前的學校不普遍，教育系統也沒有什麼制度，一般人的識字、算術、以及其他生活技能，都是在家庭裡學的，職業也因此而代代相傳。而現在的社會，知識爆炸、技術進步，家長已無力負擔全部的教育責任，學校教育反而成了主要的學習，上學也成爲每個人必盡的義務。

現代人上學的時間也越來越長，終生教育的理念之下，我們相信學習不只是孩子的事，父母也要學習，學習如何做好先生、好太太、好父母，家庭裡的教育功能其實是比以前擴大了。

六、生育的功能

每個社會皆以家庭爲生育子女的地方，傳統中國家庭的主要目的即是傳宗接代，認爲生兒育女才能延續生命，又因家族傳承以兒子爲主，所以重男輕女。如今面臨全世界人口膨脹的壓力，在重質不重量的觀念下，許多家庭實施計劃生育，「不孝有三，無後爲大」的觀念也逐漸淡薄，尤其職業婦女增多，照顧孩子的時間和精力有限，生育仍是家庭功能之一，但質與量均已有不同。

七、情愛的功能

男女因愛而結合，組成家庭，爲的是讓愛情落實到生活裡，並延續到未來。夫妻的相愛是家庭幸福的基石，也是孩子的安全感最主要的來源。傳統中國家庭比較不強調夫妻之間的情愛，男人也可以不必對妻子忠誠，甚至可以因無兒女而休妻，所以造成許多不幸婚姻。現代家庭的情愛功能增加，隨著生活的緊張與忙碌，家庭更應該提供溫馨而甜蜜的親密感，滿足現代人的迫切需要。

以上所討論的家庭功能在你自己的家庭裡是否都存在呢？你的家庭那一些功能比較強？那一些功能比較弱？功能強的方面需要努力的維持，功能弱的方面需盡力的改善，才能有健康的家庭。

第三節　健康的家庭生活

身體的健康是每個人由衷的盼望，但是健康的身體並非平白得來的，如果一個人平日糟蹋身體，身體承受不住就會生病。小病若妥善調養，仍可恢復健康，若任其惡化，就會成爲大病，比較不容易治療，甚至會喪命。家庭也是一樣，健康的家庭需要靠平日的保養和經營，偶爾出了小問題，就要去改善，解決問題，若任家庭問題繼續累積，就會產生嚴重的家庭問題，到最後無藥可救，家庭只好破碎、分解，不但對個人造成終生的傷痛，對社會也添增許多不穩定和混亂。

在維護家庭的健康方面，我們可以注意以下五點：

一、家庭成員要重視家庭的價值

價值即重要性，一對愛家、願爲家庭付出的夫妻，才能讓全家人對這個家產生認同感，如果一個丈夫或妻子將全部的心力都投注在工作上，沒有地方去了才回家，對家中的事漠不關心，就算他賺再多錢，家庭也是遲早會出問題的。因此在每個人的時間規劃中，都要有一部分是安排給家庭生活，不要以爲這不重要就不去注意它。

二、家庭成員要在家庭中學習包容和自制

許多人以爲一旦成了家，對方爲我作的一切都是應該的，我在家庭裡爲所欲爲也是理所當然的，所以有人會覺得在家庭裡得到的指責多於讚賞，批評多於鼓勵，在家庭裡反而斤斤計較，貪得無饜，這樣的家庭生活是很不愉快的。健康的家庭裡的人應該是能欣賞各人的特點，家人之間先是全然的接納，有錯誤也能彼此寬恕，但是更要積極的幫助他人增加進步的動力，指正缺點時要用愛心說誠實話，自己要學習合適的表達方式。

三、家庭成員要多溝通和傾聽

有人以爲家人是自己人，所以應該你不說我就知道，我不說你也知道，其實這是很不實際的想法。即使是夫妻相處久了，每天各自會遇到許多事，產生各種感想，如果能常常談話，分享心得，就會越來越瞭解對方。有的家庭恰好相反，家人有什麼事都是找外人去談，孩子出事了，父母卻是最後知道的人，可見家庭中的溝通不良，傾聽不夠。

四、整個家庭與外界要保持良好關係

個人在家庭中不是孤島，家庭在社會中也不是孤島。一個與外界隔離的家庭很容易陷於保守封閉，在社會中感到格格不入。人需要群體生活，家庭是小群體，社會是大群體，均不容忽視。與外界關係良好的家庭對於新的事物較易接受，在考慮事情時也會有較多的參考意見，較不會一意

圖二　家庭成員要多溝通和傾聽

孤行。健康的家庭要有好的親友關係和鄰里關係。

五、家庭成員在經濟上要有計劃

不一定富有的家庭才會幸福，但是不可否認的，經濟情況是家庭生活的保障，每個家庭都有某些收入，也有些必要的支出，收入和支出之間若得平衡，就是眞正的富有。收支平衡要靠計劃，能夠量入爲出，開源節流，除了生活必需之外，還有一些儲蓄和正當的投資，也能有一部分能奉獻，幫助更需要救助的人，這不是有錢人才作得到的事，只要有計劃，就不會在不當用錢的地方花錢，而需用錢的時候卻沒錢可用。

如果家庭照上述大原則去安排生活，大致上就有了良好的體質，但是「從此過著快樂的日子」是一種理想，即使健康的家庭偶爾也會有一點小問題，若具備一些基本常識，就能大事化小，小事化無。

現代家庭所需具備的知能如下：

一、平時要多吸取婚姻、家庭、或親子關係方面的知識

我們自幼從父母爲我們準備的家庭中會觀察到一些家人互動的原則，這是很重要的，但是社會的變遷實在太快，光憑經驗是不足以應付現代生活的，透過報章、電視、廣播、演講等等各種傳播媒體及活動，我們可以吸收不少知識，但切記要自己去過濾、選擇，不要不經思考就把不好或不對的看法塞進自己的頭腦，反而成了知識受害者。

二、要與值得信任的長輩保持聯繫

人往往是當局者迷，旁觀者清，若有智慧的長輩瞭解你的家庭情況，能適時疏解夫妻的衝突，就可以避免更嚴重的爭吵。親子之間也常會因各人立場的不同，而產生不同的主觀，權威的家庭是子女讓步，縱容的家庭是父母認輸，但在民主的家庭就可以雙方尊重對方的感受，而達成「雙贏」的妥協，這過程中若有長輩能勝任協調工作，會比較容易些。

三、要勇於面對問題並共同解決

不需常常疑神疑鬼的去找問題，甚至製造問題，但是有了問題不要粉飾太平，強迫家人去壓抑它。很多家庭問題一開始只是因爲誤會或一時疏忽，說淸楚了就會解決，有的人不願面對問題，可能是因爲怕面對後必須自己去解決，其實家庭就像一個身體，如果一個部位疼痛，全身都會不舒服，當然不能置之度外，一定要共同去解決。

四、要懂得尋求幫助

小病靠休息，大病求良醫，萬一遇到自己無法解決的家庭問題，就要尋求專業的幫助，不要病急亂投醫。例如財務發生危機，要找可靠的金融機構借貸，不要求助於不合法的高利貸，以免越陷越深。萬一婚姻亮了紅燈，要找輔導中心的輔導人員幫忙，爲你分析問題的根源，以對症下藥，切勿迷信占卜邪術，以免家破人亡。

美滿的家庭生活是每個人都希望擁有的，對家庭的觀念和期待會因人而異，需要自己好好的去思考、去澄清。家庭生活是生命的分享，對家庭有基本的知識，可以使你對家人產生合宜的期望，不致因要求過多而失望，而造成自己和家人的痛苦。我們要懂得如何讓家庭的功能盡量發揮，並懂得珍惜家庭、重視家庭、成全家庭，讓家庭更健康、有活力、有朝氣，個人才能從中得到幸福，社會也才會因此和諧太平。

推薦進修書目

1. 陳玉幸編譯，《親子心理學》，臺北：書泉出版社，民國七十七年。
2. 周逸芬編譯，《發展與輔導》，臺北：五南圖書公司，民國八十年十二月。
3. 宗亮東等著，《家庭與青少年》，臺北：幼獅文化公司，民國七十六年。
4. 陳竹華譯，《怎麼做父母》，臺北：桂冠圖書公司，民國七十三年。
5. 錢卓升著，《家政・教育》，臺北：文景出版社，民國七十四年。
6. 吳就君著，《人在家庭》，臺北：張老師出版社，民國七十四年八月。

習　題

蔡居澤

一、選擇題

1.（　）就家庭的定義來看，其組合因素是什麼？①血緣　②婚姻　③親屬團體　④以上皆是。

2.（　）以現代工商業社會而言，家庭的經濟功能是什麼？①消費性　②生產性　③自主性　④獨立性。

3.（　）一般中國家庭的那一項功能不明顯，卻對家人的人生觀及價值觀造成極大的影響？①經濟　②保護　③宗教　④娛樂。

4.（　）維持家庭的健康方面，對家庭產生認同感就是：①學習包容和自制　②多溝通和傾聽　③重視家庭的價值　④與外界保持良好關係。

5.（　）健全的家庭經濟計劃，要做到：①入不敷出　②收支平衡　③寅吃卯糧　④致力投資。

6.（　）民主家庭中協調不同意見採用：①雙贏的妥協　②子女讓步　③父母認輸　④長輩意見。

7.（　）家庭問題解決的前提是：①製造問題　②迴避問題　③壓抑問題　④面對問題。

8.（　）美滿的家庭生活是：①生命的分享　②對家庭有基本的知識　③讓家庭的功能盡量發揮　④以上皆是。

9.（　）「當局者迷，旁觀者清」這句話運用到家庭問題有何啓示？①家庭問題可由當事人自行解決　②家庭問題可由長輩適時疏解　③清官難斷家務事　④家庭問題令人迷惑不清。

10.（　）那一類家庭對新事物較易接受？①較能與外界保持良好關係　②較能自制與包容　③較能溝通與傾聽　④較能重視家庭價值。

二、填充題

1. 在民法上，稱家者，以永久＿＿＿為目的而同居之＿＿＿。
2. 以「避難所」及「避風港」等詞彙，令人聯想家庭予其成員的＿＿＿功能。
3. 現代人上學的時間越來越長，在「終生教育」的理念下，家庭的＿＿＿功能其實是比以前擴大了。
4. 「不孝有三，無後爲大」的觀念，是以往重視家庭＿＿＿的功能。
5. 健康的家庭要靠平日的＿＿＿和＿＿＿，偶爾出了小問題就要去改善、解決。
6. 健康的家庭成員應該是能欣賞各人的特點，家人之間先是＿＿＿，有錯誤也能＿＿＿。
7. 因現代社會變遷快速，因此平時要多吸收＿＿＿、家庭或＿＿＿方面的知識，以便加以運用。
8. 家庭問題尋求外來的幫助有：(1)值得信任的＿＿＿，(2)＿＿＿。
9. ＿＿＿是道德教育的根據，也是社會安定的內在力量。
10. 要擁有一個健康的家庭，要先發揮其＿＿＿，並需加以珍惜和重視，才能過幸福美滿的生活。

三、申論題

1. 家庭的主要功能有那些？
2. 現代家庭所需具備的知能爲何？

活動

角色扮演——弱水三千，只取一瓢飲

吳美嬌

一、活動目標

1. 建立男女交往的正確態度及兩性平等、尊重的觀念。
2. 建構預期的家。

二、活動過程

1. 分組：教師將學生依下列演出重點分組
(1)正確的兩性交往。
(2)不正確的兩性交往。
(3)健全家庭（依課文內容演出）。
(4)單親家庭。
(5)暴力家庭（受虐兒童、受虐婦女或男性）。

(6)多親家庭。

2. 發現問題：就各組演出中提出待改進的問題，教師將其一一寫於黑板。
3. 分組討論：每組討論各問題的解決方法。
4. 全班討論：全班學生自由補充或質疑。
5. 綜合解析：教師爲之。
6. 結束活動：教師點幾位學生起來，說出擇友條件及預期將來的家庭生活，供其他同學參考或作觀念澄清。

第五章　人生價值

林火旺

第一節　生命的意義

「人活著有什麼價值?」「生命的意義是什麼?」這一類的問題,幾乎和人類文明的誕生一樣的古老,幾千年來不論東方或西方的偉大哲學家,都曾經爲這類問題搜索枯腸,然而到目前爲止,並沒有發現一套讓所有人都可以接受的標準答案。幾乎每一個思想家對宇宙、自然、生命和人性,都有一種特殊的理解和認識,所以每一個思想家對於生命意義的探索,都有其獨特的詮釋。因此對於人生的意義、生命的價值,並不像科學知識一般,可以從先哲努力的成果中,直接得到確定的解答,可以想見的是,只要有人類存在,這類的問題必然會被持續地思考,而不同的答案也必然會持續地出現。

自科學昌明以來，人類對宇宙的認識已有長足的進展，可是對人類生命價值的理解，卻幾乎是原地踏步。人們對於物理現象的因果關係有相當高的共識，如：爲什麼會下雨？哈雷慧星爲什麼七十五年才出現一次？但是對於人性是善是惡？人從何而生、死後何往？德行高潔卻生計拮据和寡廉鮮恥卻豐衣足食，那一種生活較值得過？仍然是千古爭訟不絕的話題。人的存在是爲了什麼？人活著應該追求什麼？這些問題即使在忙碌的工業社會，仍然會時而浮現在我們的腦際，或多或少困擾著我們。尤其在夜闌人靜或個人獨處的時刻，或者是面臨自己或親人生命重大變故、挫折時，我們常常會興起的念頭是：「人活著有什麼意義？」

爲什麼對於人生價值、生命意義，我們找不到一個放諸四海而皆準的明確答案？爲什麼幾千年來哲學家在這方面殫精竭智，卻沒有爲我們省點力氣，使得我們每一個人在面對生命疑惑時，幾乎必須從頭開始？

第二節　個體生命的獨特性

一、人的個體能得到充分的發展

十九世紀英國著名的哲學家彌勒（John Stuart Mill）認爲，每一個生命個體都有其獨特性，生命是具發展性的，我們在同一個地方撒下同樣的種子，給予同樣的養料和水分，但是長出來的每一株樹苗卻會有不同的發展和樣貌；儘管從古至今已經有成千上億的人活過，但是絕對找不到兩個人，在相貌、性格、思想、觀念上完全一樣。生命在各個面向上的差異，使得每一個個體在追求幸福人生、安排自己的理想生活、解釋美好人生價值時，也產生相當大的歧異。彌勒認爲每一個人由於個體性的差異，所以對於完美人生就會有不同的解答，因此他強調，每一個人要達到最充足完滿的幸福生活，必要條件就是個體性能得到充分的發展。

二、確立獨特的自我本性

根據彌勒的主張，一個人要擁有幸福人生，首先必須確立獨特的自我本性，因爲實現或滿足每一個不同的個體，必須採用不同的生活方式或價值理想。也就是說，雖然每一個人來到這個世界上，都希望追求或擁有幸福美好的人生，但是對不同的人，彌勒認爲「何謂幸福美好的人生」會有不同的內容和答案。譬如人一生下來就有所謂天生不平等，有人生而聰明、美麗、富有；有人生來就愚笨、醜陋、貧困，這些都是人所無法改變的既定事實，但是這些天生的不平等，雖然可以影響我們追求幸福生活的條件，但卻不是決定人的尊嚴、價值以及幸福與否的全部因素。

雖然每一個人都希望生而聰明、美麗、富有，但並不是所有生而聰明、美麗、富有的人就註定一輩子幸福美滿；如果人生下來之前可以和造物者商量（如果有造物者的話），每一個人都不希望自己生而愚笨、醜陋、貧困，但是並不是生而愚笨、醜陋、貧困的人，生命就一定沒有價值。我們在日常生活中常常會咒罵某些人貪贓枉法、自私自利、兇殘暴虐，但是這些我們認爲不值得尊敬的人，可能擁有最好的先天條件，只是他們利用這些優異的稟賦為非作歹、損人利己，所以他們對人類福祉不但沒有任何貢獻，反而對他人的幸福生活有所傷害。至於一個出身寒微、資質魯鈍的人，不見得不會贏得人們的尊敬，事實上我們可能會因為一個貧窮、戇直的醜老太婆，為其子女受盡煎熬、付出心血的感人情節而掉淚。可見一個人是不是值得別人尊敬、生命是不是有價值，和天生條件的優劣並沒有絕對的關係。

第三節　成敗論英雄？

一、只問耕耘，不問收穫

其實與生俱來的資質和稟賦並不是決定人類尊嚴與價值的因素，因為對於這些先天的條件，我們並沒有作任何貢獻。至於人們後天努力的有形成就，如：財富、社會地位，是不是可以作為評價一個人是不是活得有尊嚴、生命是不是有價值的標準？如果所謂有形的成就，是指世俗的成功與失敗，則答案仍然是否定的。嚴格地說，人不只不能決定自己如何生如何死、何時生何時死，即使在生死之間的功成名就，也不是完全掌握在人的手中。譬如：一位學生社團的負責同學，正籌劃一項社團活動，儘管他計劃周詳、準備充分，也不能保證一定會把這個活動辦好，因為如果活動舉行當天或颱風來襲、或豪雨成災、或強烈地震，他原先所有的心思和計劃都將付之一炬。

再舉一個更簡單的例子：一個人看到一位老太婆跌倒在地，想順手將她扶起，然而即使是這麼一件舉手之勞的行爲，能不能成功地完成，都不是完全掌握在自己手中，說不定當這位善心人士正要過去扶她起來的時候，一部冒失的車子正好將他撞倒、或者正好飛來一塊石頭把他擊昏、或者有一位比他更熱心的人從遠處跑來捷足先登，這一切可能都足以使他無法達成將老太婆扶起這麼一個簡單的行動。從這裡我們應該可以理解中國人常說：「只問耕耘，不問收穫」的道理，因爲每天要付出多少時間從事耕耘，也許可以自己決定，但是耕耘的結果會是如何，則會受到許多人力所不能控制的因素的影響，並不是完全操之在我。

二、存在的價值在於盡心盡力

所以一個人的努力，必須再加上某種程度的機緣，才能享有俗世的功成名就。但是這並不是說：反正一切的成就都要靠運氣，根本就不需要努力，而只是說：世俗的失敗、潦倒有時候也只是機緣不佳、時運不濟，所以不能完全因爲一個人有形的世俗成就，就決定一個人存在的價值。如果一個人因努力踏實的耕耘而有所成，當然足以得到人們的尊敬，但是如果純粹是運氣不佳，而使一個辛勤耕耘的人一無所穫，他也不必爲這樣的結果而自我否定。反過來說，如果一個人只是因爲運氣好而有所成就，別人只會羨慕他的好運道，而不會對他產生任何尊敬；當然如果一個人遇事不盡心盡力，再加上時運不濟而窮困潦倒，別人可能會認爲他罪有應得。因此從以上的分析我們可以發現：一個人活在這個世界上是不是會受到別人的肯定，並不是決定在他是不是有錢有勢，而是在於他是否盡心盡力。所有一切不需要努力就得到的聰明、美麗與成就，並不是我們可以驕傲的對象，因爲那只是我們的運氣比較好；至於所有一切經由個人汗水灌溉所得的成果，才是值得我們欣慰。

第四節　人類存在的現實

一、人類的有限性

不只是一切成敗不能完全操之在我，如果我們深一層的思考人類存在的處境，就更能體會生命的渺小卑微，也更能理解人類的有限性。也許人類由於科學昌明，自以爲可以透過其特有的理性能力征服宇宙，而事實上人類也確實創造了一個空前未有的文明和進步。但是目前人類文明的成就，如果和廣袤奧祕的宇宙相較，根本就微不足道，不要說人類的科學能力無法阻止木星和慧星相撞，就連地球上常常遭受颱風、地震的侵襲，科學家除了提醒人們防範之外，也是束手無策。對於大自然的奧妙，人類所窺測到的仍然是九牛一毛；至於和人切身相關的問題，如：靈魂是否存在？人死後是否有來生？人類對它們的理解幾千年來並沒有任何新的進展。所以無論對於自然或人文知識的掌握，人們應該坦承不知道的事實在是比知道的多得太多。

二、人類現實的處境既渺小又無奈

當一個人心情不好的時候，看到牆腳一群正在忙碌搬運食物的螞蟻，他可能不加思索地就一腳踩了下去，許多無辜的螞蟻也因此而喪生。在這些螞蟻的世界中，也許牠們正在爲找到豐富的糧食而欣喜若狂，但是怎麼也沒想到人們的一點點憤怒，就足以徹底毀滅牠們所有的期待和夢想；其實牠們在努力工作的時候，也許完全沒有意識到自己周遭處處充滿了危機，情緒變化無常的人類隨時可以決定牠們的死活。事實上螞蟻的處境和人類現實的處境在本質上並沒有多大的差別，人其實也是生長在一個充滿敵意的宇宙，一場豪雨可以使美好家園成爲水鄉澤國；一個強烈地震可以使堅固的高樓崩塌、橋樑斷裂；一陣龍捲風可以使一個城鎮在片刻之間夷爲平地；甚至於一次小小的偶然（如：鴿子不小心飛進飛行中的飛機引擎）都可能使數百人喪命。面對不可預期的大自然的種種變化流衍，人的生命其實和螞蟻一樣脆弱，如果我們從這個角度思考人的現實處境，我們不得不承認人類實在既渺小又無奈。

三、人能夠自我掌握的部分相當有限

總而言之，人類的生死、以及生死之間一切人世的成敗利鈍，都受到大自然無名的作弄與擺佈，人眞正能自我掌握的部分顯得相當有限。最令人感到沮喪的是，這個主宰人類生存處境的無名造化，似乎對人類所做的所有努力絲毫無動於衷，當它要奪走一條生命的時候，完全不考慮這個生命是否正直、善良、値得尊敬；就像我們隨手弄死一些螞蟻，根本不會在意這些螞蟻在牠們的世界中是好螞蟻、還是壞螞蟻。因此就這一層意義而言，人類社會中目前所揭櫫的理想，不論個人、政黨或國家汲汲營營追求的目標，似乎變得十分荒謬可笑，一個人無論立下多少豐功偉業，到頭來仍然是黃土一坏，轉眼間煙消雲滅，「是非成敗轉頭空，青山依舊在，幾度夕陽紅」，潮起潮落、一代人生一代人死，這實在就是人類現實處境的最佳寫照。儘管每一個時代都會有可歌可泣、感人肺腑的故事，也會有掀天動地之能的風雲人物，可是這一切人世的高潮，和亙古的宇宙流衍相對，就有如萬頃波濤中的一點漣漪，根本毫無意義。

第五節　人的有限性和生命的價值

一、人的存在是有限的

如果從宇宙的觀點，無論人們如何自我肯定，似乎也無法改變人類生存的渺小、無奈處境，一個人即使是受到萬民推崇和尊敬，他仍然是一個有限的存在，仍然必須經歷生老病死的過程、承受人世間悲歡離合的折磨和苦難，就這層意義而言，醉生夢死過一輩子和兢兢業業度一生又有何差別？英雄豪傑和盜賊宵小之間的差異又有何實質的意義？如果人類的現實處境確實是如此的渺小無奈，人類所有的理想豈不是自我欺騙？人世的一切努力豈不是毫無意義？而生命的存在又有何價值可言？

二、人要眞誠的面對人類的現實處境

雖然人類在面對宇宙造化的無助和無奈是一個無法改變的事實，但是承認這個事實，並不會使人類所憧憬的理想和幸福生活成爲幻影，反而眞誠地面對這個人類的現實處境，可以使人建構一個合理、適度的美好人生藍圖，而不會將自己的理想設定成一個永遠不可能達成的烏托邦。換句話說，承認人的有限性，可以使人適當地爲自己的生存找到合理的定點，也會使人在尋找生命意義時有一合理的期待。事實上，既然相對於宇宙的廣袤無限，人的渺小是一個不可能改變的永恆事實，人不但必須正視這個事實，也要面對這個事實，才可能正確地思考人類生存的價值。

三、人要創造不受命運主掌的環境

誠然和整個宇宙歷史相較，每一個人的生存有如滄海一粟，不論人在生存的過程中，功績如何的顯赫彪炳，對於大自然的正常運轉並不能撼動分毫。可是人即使承認人是如此的渺小和微不足道，也不代表生命就完全失去價值，雖然大自然不在乎人的努力，對於人世間所有感人的情節也毫無所動，但是如果人類承認這個事實，人們就不會將改變宇宙的運轉、或征服和掌握大自然所存在的規律，視爲人生價值之所繫，換句話說，並不是使人類完全免於大自然無常的折磨，創造一個不受不可預測的命運主宰的環境，人類的生存才有價值。

四、分憂解勞他人的痛苦

其實不論一個人活著的時間是長是短，當生命存在時，每一個人都是有情有性、有知有感的個體，這樣的個體不論有無來生，在這個可知可感的生命過程中，就無時無刻不在感受喜悅、承載憂苦，每一個人都期待活著的每一天都被欣喜充滿，而遠離悲苦愁煩。從這個人類存在的普遍期望，其實我們就可以找到生命的意義，我們每一個人都可以做的，不是改變人類生命渺小無奈的本質，而是對自己周遭任何一個有血有肉、有情有性的同胞，多付出一分關懷，使他多一分存在的喜悅。也許我們不能阻止颱風、地震對生命無情的剝奪，但是我們卻可以隨時替別人減輕一點痛苦。人類最常犯的錯誤，就是以爲：只有在人世間成爲萬眾矚目的英雄或家喻戶曉的聞人，人生才有意義，因此常常忽視爲別人小小的分憂解勞的意義。其實往往一個不經意的舉手之勞，對正需要援助的人而言，可能是一個讓他終生受用的莫大恩惠。如果一個人發現自己小小的努力，卻可以給他人帶來衷心的喜悅，難道這不就是生命的意義嗎？

五、生命的價值在於付出愛與關懷，以及給人喜悅

心中常懷悲憫，就是人與動物最大的差別。人生雖然短暫，每一條生命從童稚到成熟，都承載了無數的關心和愛意，當一個人有能力認知生存的種種極限和困境時，他應該更有能力體會：存在的價值不是等待或接受他人的關懷，而是付出自己的愛和關懷；不是等待喜悅，而是給人喜悅。

推薦進修書目

1. 方東美著，《中國人生哲學》，臺北：黎明文化事業公司，民國七十一年。
2. 白朮譯，《奮鬥的人生》，臺北：華欣文化公司，民國六十七年。
3. 利翠珊等著，《平凡中的不平凡》，臺北，張老師出版社，民國七十九年十月。

習　題

蔡居澤

一、選擇題

1. (　)幾千年來不論是東方或西方的哲學家，都曾爲那一類的問題搜索枯腸？①經濟學的問題　②人生價值的問題　③天文學的問題　④物理現象的問題。
2. (　)在忙碌的工業社會中，人類對存在問題思索的是什麼？①人類對宇宙的認識　②人類對物理現象的共識　③人活著有什麼意義　④人如何活得豐衣足食。
3. (　)英國著名哲學家彌勒認爲，每一個生命個體：①都有其獨特性　②都有其相似性　③外貌不同性格相似　④外貌相似性格不同。

4.（　）一個人生命是不是有價值，與下列何者沒有絕對關係？①個體性能的發展　②瞭解個人的特性　③對人類福祉的貢獻　④天生條件的優劣。

5.（　）以「成敗論英雄」這句話來看，正確的觀點應是什麼？①以財富和社會地位可以評價一個人生命的價值　②只要努力就一定會成功　③一切世俗成就都要靠運氣　④以個人努力所得的成果，最值得欣慰。

6.（　）國人常說：「只問耕耘，不問收穫」的道理是什麼？①只要努力，就會成功　②需要努力，但努力的結果，不是完全操之在我　③成就靠運氣，不需要努力　④凡事考慮是不是有成就，再決定要不要努力。

7.（　）就人類存在的現實來體會可瞭解：①生命的渺小卑微　②人類能以理性能力征服宇宙　③一切成敗操之在我　④人類的文明成就空前未有。

8.（　）「是非成敗轉頭空，青山依舊在，幾度夕陽紅」這句話讓我們理解：①成就的永恆性　②夕陽景色的優美　③人的有限性　④人類主宰萬物的能力。

9.（　）生命的價值在於：①使人類免於大自然無常的折磨　②可知可感的生命過程　③創造一個人類主宰命運的環境　④改變人類生命渺小的本質。

10.（　）生命的意義如何達成？①成爲萬眾矚目的英雄　②擁有世俗的成就　③改變大自然的無常　④給他人帶來衷心的喜悅。

二、塡充題

1. 幾乎每一個思想家對宇宙、自然、生命和＿＿＿＿，都有一種特殊的理解和認識，所以每一個思想家對＿＿＿＿的探索，都有其獨特的詮釋。
2. 自科學昌明以來，人類對＿＿＿＿已有長足的進展，可是對人類＿＿＿＿的理解卻幾乎是原地踏步。
3. 英國著名的哲學家彌勒認爲，每一個人要達到最充足完滿的幸福生活，必要條件就是＿＿＿＿能得到充分的＿＿＿＿。
4. 有人生而聰明、美麗、富有；有人生來就愚笨、醜陋、貧困，這些都是天生的＿＿＿＿。
5. 不能完全因爲一個人有形的世俗成就，來決定一個人＿＿＿＿，更不可因一無所獲的結果而＿＿＿＿。
6. 一個人活在世上是不是會受到別人肯定，不是決定在他是不是有錢有勢，而是在於他是否＿＿＿＿。
7. 如果我們深一層思考人類存在的處境，就能理解人類的＿＿＿＿。
8. 人類存在的事實是：常受到＿＿＿＿無名的作弄與擺布，能＿＿＿＿的部分顯得相當有限。
9. 人必須正視和面對人的＿＿＿＿這個永恆的事實，才能正確思考人類生存的價值。
10. 存在的價值是付出自己的＿＿＿＿，是給人＿＿＿＿。

三、申論題

1. 我們可以以外在有形的成就來肯定或否定一個人嗎？
2. 人類存在的價值爲何？

活動

訪問報告——活出自信與喜悅

吳美嬌

一、活動目標

瞭解有自信與喜悅的生活方法。

二、活動過程

1. 課前準備：教師依下列階層的人物分組，並於課前訪問或於其他媒體中查詢其成功的原因或方法（能有輔助圖片更佳）。

(1)宗教家。

(2)勞工。

(3)政要。

(4)家庭主婦。

(5)文藝界人士。

(6)體壇人物。

(7)公教人員。

⑻企業家。
⑼同學。
⑽殘障人士。
2. 訪問報告：每組就訪問結果於課堂提出報告。
3. 教師講評：教師就值得學生參考者再行強調或補充，並抽點學生詢問最欽佩或最想學習何人的精神。
4. 結束活動：教師推薦相關參閱書籍或媒體節目，供學生課後閱讀、觀賞。

第二篇　文化素養

第一章　人與自然

黃人傑

在人群所締造的文化或文明中，科學革命給人類帶來了全球通訊和貿易網、普及的大眾教育，一般市民政治意識及生活水準的提高，國民平均壽命的延長等可觀的成就。然而，在這個現代人成功的故事背後，卻不全是光明的。現代人愈來愈明白，人自己所解放的自然力量同時也可能危害人類。物質次原子結構的知識，可以用來肇使一場全球性的核子大戰，能源過度的使用使工業社會一天缺少能源便會土崩瓦解。在醫藥方面，現代人雖然有許多新發明的藥品，也有周全的醫療制度；但是在另一方面，藥物的濫用，都市社會眾多市民不衛生的生活方式等都要給科學進步打上一個折扣。眾多巨大的現代化的衝力所造成的文化激盪，是這個時代最厲害的打擊。今天有愈來愈多有責任感的人開始覺醒，重新思考如何克服這些難題，拓展自己的視野，重視人類的價值，創造一個理想的現代文化。

第一節　何謂人

「人」在生物學的術語上是「人科」、「人屬」中的一類具有文化的動物，因此與其他各類動物有別❶。近代人類學家與動物學家則認爲：人是脊椎動物中之哺乳動物。

基督教謂：「人是上帝按照自己的樣子造出來的」。西方學者對人的定義有：「人是會使自己完善化的動物」（康德 Kant, 1724-1804）；「人是會鬥毆的動物」（叔本華 Schopenhauer, 1788-1860）；「人是會思維的獸類」（克拉該斯 Klages, L.）；「人是產生某些生物的、化學的、物理的與心理的現象之有機體」（布里曼 Bridmann, 1936-）❷。

我國古代常謂「惟人萬物之靈」（《尚書・泰誓上》），視「天生萬物，唯人爲貴」（《列子・天瑞篇》），人既是命運主宰，吉凶由人，且是「天地之心也」（《禮記・禮運篇》），人居天地之中，象徵天地萬物，中國人以爲大自然現象與人的命運禍福有關，可使人類預知吉凶或影響人的禍福，而人的行爲也影響到天地萬物。所以說「天地人一體」是人與天地萬物爲一體的信念及感受，可

❶《雲五社會科學大辭典》第十册，〈人類學〉，臺灣商務印書館，民國六十年十二月，第一〇頁。

❷ 宋巴特（Merner Sombart, 1863-1941）著，海邊文化出版社譯，《人學》（*Lehye Vom Menschen*），〈論人性〉，民國五十七年四月，第八～一〇頁。

以說是密契現象的一種❸。

第二節　人的分類

以科學的分類來看，人可分爲以下五種情形❹：

一、自然人

完全表現於行動操作的人。人只是和其他動物一樣具有本能、衝動、習性、知覺的一種自然的存在。他如果剝去了人性上特有的價值，所剩的和其他生物一樣，只是物質界的一員而已。

二、符號人

用符號語言表達不同意境的人。在西方，科學、哲學、純藝術都是以各種符號，如姿態、顏色、線條、聲調、指標、文字、公式、具體和抽象的語言、概念、原則、知識體系等，來創作的。

三、有情人

依盧騷和烏納穆諾（Unamuno）所說人是一種有感情的動物。

---

❸ 項退結，《人之哲學》，〈中國哲學對人的思考〉，中央文物供應社，民國七十一年五月，第一二九頁。

❹ 方東美，《生生之德》，〈從比較哲學曠觀中國文化裡的人與自然〉，黎明文化事業公司，民國七十八年四月五版，第二六四～二七五頁。

四、理性人

一種永遠依照理性而生存的動物。

五、神性人

深藏若虛，本為神人，但由於被謬妄的知識所汙染而下墜為尋常人。

近代科學所發展的自然理性（Natural Reason），對於宗教實質卻毫無啓發；而宗教所依據的神聖理性（Divine Reason）反倒輕視科學所最關心的物質世界的一切自然型態。

第三節　何謂自然

「自然」這個詞的多義性，只要把它和與之對立的觀念做一比較，立刻明白顯示出來。自然的對立觀念包括：超自然、人為的、習慣的。不少人認為自然的比人為的、習慣的更好。而超自然的一般認為是比自然的更好❺。

一、西方人觀念中的自然❻

❺《觀念史大辭典》第四冊，〈自然〉，幼獅文化事業公司，民國七十七年九月初版，第二五〇頁。

❻同❹，方東美，前引書，第二七六頁。

無價值意義的物質素材：希臘哲學中所謂的自然，是指一個沒有價值意義，或否定價值意義的「物質的素材」。

宇宙的機械秩序：自然是指整個宇宙的機械秩序，這種秩序依近代科學來說，即是遵從數學物理定律支配的數量化世界，是純然中性的而無任何眞善美或神聖價值的意義。

一切現象的總和：自然是指一切可認識現象的總和。嚴格遵守先驗自我所規定的普遍和必然的法則。

無限力量的無限本質：斯賓諾莎所謂的「活的自然」(Natura Naturans) 是指具有無限力量的無限本質。在它之下，都充滿了創造的性能。

二、中國人觀念中的自然❼

宇宙的生機：自然是宇宙生命的流行，以其眞機充滿了萬物之謂。在觀念上，自然是無限的，不爲任何事物所拘限，也沒有什麼超自然，凌駕乎自然之上，它本身是無窮無盡的生機。它的眞機充滿一切，但並不和上帝的神力衝突，因爲在它之中正含有神祕的創造力。

世界的一切：自然是指世界的一切。就本體論來說，它是絕對的存有，爲一切萬象的根本。它是最原始的，是一切存在之所出。它就是《易經》上認爲能生天地的太極。到了宋代理學家，

---

❼ 同❹，方東美，前引書，第二七七～二七八頁。

更進一步發展爲無限的天理，爲萬事萬物所遵循而成就最完滿的秩序。
蘊育萬物：從宇宙論來看，自然是天地相交，萬物生成變化的溫床。從價值論來看，自然是一切創造歷程遞嬗之跡，形成了不同的價值層級，如美的形式，善的品質，以及通過眞理的引導，而達於最完美之境。

三、現代的自然觀有五點特徵❽

(一)變化是漸進的而不再是循環的

變化在本質上是漸進的，把循環解釋成只是現象。在主觀上所發生的同一東西只是相似而已；客觀上所發生的轉動或圓周運動，事實上是螺旋式的運動，其半徑恆常變化或圓心移動位置，或者兩者都變動。

(二)自然不再是機械的

把進化觀念引入自然科學的一個否定的結果是，拋棄了機械的自然概念。在進化論中，自然中可能有機械，但自然本身不可能是一個機器，不僅作爲整體的自然不能，而且它的任何一個部分都不能用機械的術語完全描述它。

---

❽ 柯林武德（R. G. Collingwood）著，吳國盛、柯映紅譯，《自然的觀念》（*The Idea of Nature*），北京：華夏出版社，一九九〇年九月初版，第一三～二七頁。

㈢再次導向目的論

這是否定結果的一個肯定的必然推論，是將被機械自然觀排除了的觀念即目的論的觀念，重新引入自然科學。亦即一個事物加入一個發展過程，則是指致力於讓它不再是它現在的所是，有如一隻小貓變成它現在所不是的大貓。

㈣實體分化爲功能

在進化的自然觀基礎之上邏輯構造出的自然科學將追隨歷史的範例，將它所關心的結構分化爲功能。自然將被理解成由過程組成，自然中任何特殊類型的事情的存在，都被理解成一個特殊類型的過程正在進行演化。

㈤最小空間和最小時間

任何運動都占有空間和耗費時間，這就表明了任一給定的自然實體，都只可能在適當長的時間和適當數量的空間中存在。它不是無限可分的，它有一個最小的可分量，如果這個可分量再分下去，其部分便不是這個實體的質素了。

綜合言之，我們關於自然界的經驗知識，依賴於我們通過實驗觀察對這些過程的瞭解，這種瞭解有一個時間和空間的上下限，以及儀器的使用也有相當的限度。人類科學家通過觀察和實驗所能研究的自然界，是一個以人類爲中心的世界。它僅僅包含那些時間和空間都限於我們觀察視野的自然過程。

第四節　人與自然的區別

到目前爲止，我們至少知道了在物質上有三種不同的生命層次❾：

1.無生命的物質：在這種物質體內，物理與化學的法則具有絕對的有效性。這些物理化學的法則是所有死的世界所共有的特徵。

2.具有植物性生命的物質：它們能超越部分的物理與化學法則。

3.具有動物生魂的物質：它們具有一種有經驗的內在生命，這種內在的生命可以超越植物——生物的法則。

一、生命可以導引自身的目的

還有第四種生命層次的存在，這種存在就是人。

有人認爲生命無法作機械式的解釋，生命本身就是一種獨立存在，不能以因果關係來瞭解；而應該用目的論概念來瞭解。這表示生命本身就是最後的、不需要再解釋的事物，但它畢竟有不

❾ 孫志文主編，《人與科學》，見海特勒（Walter Heitler, 1904-）著，黃藿譯，〈生命不是化學作用〉（Life Is Not Chemistry），聯經出版社，民國七十一年五月，第一二九～一三〇頁。

同於自然之處。自然科學的發展，早期將人當做一種純粹機械作用的物質體，在起步時就已經走錯了。在生物體內明顯存在的目標定向發展，在物理學及化學的體系中並不存在。生命不僅能超越物理與化學作用，而且還可以為了自身的目的導引並利用這些理化作用。

二、心靈給人行動的自由

人生來便具有一個心靈，人是心靈單獨的擁有者。人的肉體是具有生命的。人的心靈也有能力指引靈魂的生活，其自制力仍是有限的。心靈也給予人某種行動的自由。

三、人是生命層次的最高價值

植物與動物的本性並不是物理學可以解釋的，人也是如此。生物體是一種優越的秩序組合，它所屬的層次不是任何工程師所能達到的。秩序在價值的層面上也具有它的地位，比起漫無秩序來說，秩序是有價值多了。生命所有的高低不同的層次也代表了價值高低不同的層次。生命所在的層次便比無生命物質的層次要高，而人是生命層次中最高的價值。

四、地球是封閉的系統

到目前為止，人類不斷地利用或濫用他的世界，不太考慮他的種種作法可能帶來的後果。土壤、水和空氣被汙染了，臭氧層被破壞所引發的溫室效應，嚴重摧殘地球生態環境的平衡，人們總誤以為地球能夠不斷的把用過的物質加以更新還原。但實情卻正相反，地球是個封閉的系統，廢物和汙染的總量正達到危險的程度。有些地區甚至已到了一種「全面汙染」的飽和程度。任何人口的增加都會加速這種「全面汙染」的過程。

五、人類是構成自然生態的一部分

雖然，人類在地球上也許毫無問題地可以舒舒服服的再活上幾千年，但是要過這樣舒服的生活必須要針對、配合特殊的自然條件。所以我們還是需要改善我們當前的社會經濟以及政治體系，也許最後會形成一種觀念，把人類視為構成整個自然生態系統的一部分。

六、人類必先解決地球現有的問題

如果個人與社會想繼續存在下去的話，科學與教育之間的鴻溝必得先彌補起來。我們今天的各種體制將決定我們未來的命運。現有的問題必先獲得解決，否則死氣沈沈的地球所能看到的，將只是消失了的文明的殘跡。這一切遠景之是否實現完全操在人類的手中，願人類的聰明才智和明確判斷能夠對此善加運用。

第五節　人與自然的和諧

自然和人之間有如母子的親切關係，這種關係並不因疏遠而消失。方東美先生認為中國思想裡人與自然的和諧，是建立在下列五種關係上⑩：

一、自然是宇宙普遍生命的大化流行的境域

關於自然，我們認爲它是宇宙普遍生命的大化流行的境域。不能將它宰割而簡化爲機械物質的場合，以供貪婪的人們作科學智能的征服的對象，或政治、經濟權益競爭的戰場。自然是廣大悉備，生成變化的境域。在時間中，無一刻不在發育創造；在空間內，無一處不是交徹互融的。它具有無窮的理趣，值得我們欣賞和眷戀。

二、自然是一個和諧的體系

自然它藉著理性的神奇與熱情交織而成的創造力，點化了板滯的物性，使之成爲至善至美的自由豐盛的精神作用。仁人志士於此可以戮力勵行，提昇品德；高人雅士於此可以優遊創作，成就才藝。自然是本體的至眞之境，也是萬有價值的淵藪。它是純善、純美、潔淨無疵的。

三、自然是神聖的與幸福的境域

富有心智的中國人，認爲自然是神聖的、幸福的境域。在此境域，聖人賢士都以順應感召的方法，散布著生命的福音；而不是以恐嚇咀咒的手段，斥責人間的罪戾。中國的經典古籍充滿了這種生命自然的讚歌。

四、自然與人是相生並存的

中國人的人格修養不是局限於個人才能的發展，而是企求懿美品德的完成。我、人、物三者，

---

❿同❹，方東美，前引書，見第二七八～二八〇頁。

在思想、情分及行爲上都可以成就相似的價值尊嚴。我們以平等的心情待人接物，自不難與天地並生，與萬物爲一，並發掘廣大的同情心以及民胞物與的精神，中國人更相信每個人及每一物的生存價值，和自己的成就是一致的。

五、人類尊敬生命的神聖

人類站在整個宇宙之中，本於人性的至善，共同向最高的文化理想邁進。傳統的中國思想相信憑著人類的純潔、莊嚴的本性，可以得到精神的昇華。

人的生存與自然之間具有相互依存的關係。破壞自然將會造成自然對人的反撲，而終將導致人自身的毀滅，人類必須重視人與自然的和諧共存，才不會禍延子孫。

推薦進修書目

1. 呂理政著，《天、人、社會》，臺北：中央研究院民族學研究所，民國七十九年。
2. 陳立夫著，《生之原理》，臺北：正中書局，民國六十四年。
3. 曾霄容著，《宇宙論》，臺北：青文出版社，民國六十三年九月。

習題

蔡居澤

一、選擇題

1.（ ）在現代人成功故事背後，有許多黑暗面，其中會使工業社會極易土崩瓦解的因素是什麼？①政治意識的提高 ②能源過度使用 ③藥物濫用 ④不衛生的生活方式。

2.（ ）將「人」定義爲：「人是會使自己善化的動物」的是那位學者？①柏拉圖 ②亞里斯多德 ③富蘭克林 ④康德。

3.（ ）中國人觀念中的自然是①物質素材 ②宇宙的機械秩序 ③宇宙的生機 ④世界的一切。

4.（ ）完全表現於行動操作的人是什麼人？①有情人 ②理性人 ③符號人 ④自然人。

5.（ ）近代科學所發展的那一種理性，對宗教實質毫無啓發？①自然理性 ②神聖理性 ③人爲理性 ④非理性。

6.（ ）物質上三種不同生命的層次，依序是什麼？①植物→動物→無生命 ②植物→無生命→動物 ③無生命→植物→動物 ④動物→植物→無生命。

7.（ ）人與動物、植物最大不同在單獨擁有什麼？①內在存有 ②內在生命感覺 ③化學作用 ④心靈。

8.（ ）人類與自然關係和諧的前提，是要能彌補那兩者之間的鴻溝？①科學與教育 ②物理與化學 ③

生命與存在　④自然與科學。

9.(　)中國人認爲自然是什麼?①恐怖、可怕的　②神聖、幸福的　③待征服的　④與人格格不入的。

10.(　)中國人人格修養是企求什麼?①成己　②成物　③成君子　④與萬物合而爲一。

二、塡充題

1.人與其他生物體不同，是因爲人具有＿＿＿＿中最高的價值。

2.希臘哲學中把自然看成無價值意義的＿＿＿＿。

3.依盧騷和烏納穆諾的說法的人是＿＿＿＿。

4.中國人認爲自然是＿＿＿＿的流行，以其眞機充滿了萬物之謂。

5.自然的對立觀念包括：＿＿＿＿、＿＿＿＿、＿＿＿＿。

6.斯賓諾莎所謂的＿＿＿＿是指具有無限力量的無限本質。

7.自然就本體論來說它是＿＿＿＿，爲一切萬物的根本。

8.自然就價值論來看是一切創造歷程遞嬗之跡，形成了不同的＿＿＿＿。

9.生命本身就是一種＿＿＿＿，不能以因果關係來了解，而應該用目的論概念來了解。

10.自然藉著＿＿＿＿的神奇與熱情交織而成的＿＿＿＿，點化了板滯的物性，使之成爲至善至美的自由豐盛的精神。

三、申論題

1. 中國思想裡人與自然的和諧，是建立在何種關係？

2. 現代的自然觀有那五點特徵？

活　動

分組調查——爲學校環境把脈

韓青菊

一、活動目標

1. 瞭解學校的環境問題。

2. 關心並維護美好的學校環境。

二、活動過程

1. 全班同學分成五組。

2. 各組依左表抽籤編配一個調查項目。

3. 各組依編配項目，調查並紀錄本校生活環境中的汙染情形及防治方法。

4. 於課堂中分組報告調查結果。

5. 教師補充及講評。

6. 班長彙整各組報告後，呈交學校有關單位，提供其參考及改進之道。

7. 分組調查表：

環境問題要項	現況說明	原因探討	防治方法
空氣汙染			
水污汙			
噪音汙染			
垃圾汙染			
校園安全問題			

第二章　藝術涵養

林仁傑

藝術活動在現代青年的生活中，早已顯現於個人的日常行爲細節裡。通常，大家似乎很少去體察與深思藝術活動是如何發自個人身上。諸位可曾何時記得自己曾爲一件得意的事兒而隨興高歌一曲或不自覺地輕哼屬於自己的曲調？或爲一件稱心得意的事兒樂得手舞足蹈，並率性地展露舞蹈的美妙韻律感？你是否也曾信手在紙上塗抹或爲一幅字畫的好壞爭論不休？甚或與家人朋友間來個戲劇性的眉目傳情，而在無意間演出了一齣未經彩排過的好戲？除此之外，家居環境的規劃，學校教室布置與社區美化工作，你是否也曾或多或少提供自己的審美觀點並參與其事呢？這些自然流露的行爲裡，事實上已不自覺地呈顯出各人藝術表現的本能。

常言道「人生如戲」，「生活即藝術，藝術即生活」不正是說明在旁觀者的心靈中，每個人漫長的一生猶如一齣寫實演出的好戲嗎？其間，就以嚴謹的藝術本位觀點分析，此種自然流露的藝術行爲只是在於其精緻度不足而已。許多事實可以證明人類智慧的精緻化能力可以使上述種種行爲更趨優雅動人，這正是人類文明的主要特徵之一。舉個淺顯的例子來說吧，人類對色彩的認識起初只知道有許多不同的顏色，接著經過觀察與調配實驗後，發現色彩具有明度與彩度的差異，也憑感覺找出寒暖色的搭配要領，並從物理現象中找到互補色的作用，色光與色料混合的不同特性。音樂方面，起初可能只知聲音有高低強弱和長短，接著發現相同的節拍反覆連接產生節奏感，不同的發聲器可以製造不同的音色，整合之後竟成了旋律優美的交響樂。

藝術的表現方式很多，音樂家以歌唱或器樂傳達；舞蹈家以身體語言闡釋藝術；雕刻家與畫家以各種不同材質、形色、點線面創作；戲劇表演則透過聲光、表情、動作與扣人心弦的劇情；詩人以律詩、駢體詩、現代詩……，文學家以小說、散文、傳記……，建築師以建築結構、室內外景觀、都市景觀規劃……，電影藝術工作者則集文學、美術、音樂、戲劇、舞蹈、建築……爲一體。

藝術品質有層次高低之分，而各人藝術涵養當然也有雅俗與深淺差別。一個人想要提昇他的藝術素養層次，很難找到不學而得的「先知先覺」。通常，在技巧上總是要依照必要的程序「困而學之」，在不斷的反覆觀摩揣思練習中達到熟能生巧的地步，在直覺美感方面則需透過長期「耳濡目染」與「深思熟辨」然後得以提昇。

第一節　藝術涵養的重要性

我們爲何需要藝術呢？道理十分明白。大家稍加思考就可以體會到：如果沒有藝術，那麼在生活中就等於聽不到音樂，沒有舞蹈、戲劇、電影、時裝設計、繪畫、雕刻、建築物可供觀賞，也沒有詩歌可吟唱品味，更失去振奮心志的文學巨著或溫馨的文學小品。可見人生如果缺少藝術是多麼乏味啊！

大家若再深入推想，更可羅列出下列藝術之所以存在的道理：

1. 藝術提供正當娛樂：西方諺語：「只有工作，沒有娛樂，伶俐孩兒也變呆」。現在，除了食、衣、住、行外，大家每天埋在書堆裡或忙碌的工作中，如果加入藝術活動，生活的內涵就豐富多了，同時也會快樂些。
2. 藝術具有自然治療的療效：藝術提供發洩情緒的管道，藝術的表現則顯現內心潛在意識的動向與病徵，透過藝術表現足以達到藝術治療的目的。
3. 藝術是人類特有的感情和思想傳達溝通工具。
4. 藝術是增強人類的知覺敏銳度的工具。
5. 藝術可以提昇人類的審美能力。

6. 藝術可以發展人的謀生能力。
7. 藝術可以發展人類的創造能力。
8. 藝術可以拓展視野與見解。
9. 藝術可以平衡家居生活與學校生活。

第二節　藝術審美能力的發展

藝術的涵養，事實上指的就是一個人透過藝術學習與薰陶，藉以改變其行爲思想及孕育高尚氣質的歷程。諸如藝術審美判斷力的滋長，藝術品內涵的剖析能力的提昇，藝術表現技法的應用，藝術文化知識的增廣等等。它涵蓋個人藝術概念的認知，藝術學習的開導，藝術學習的發展階段，藝術學習的成效，以及藝術所能帶給人們的種種影響等。

藝術行爲雖然無時無刻發生於生活中，但人類的智慧總是不斷驅策著自己從膚淺粗糙的表現方式裡，找尋更美好更精緻的策略。於是，藝術的品味有了明顯的優劣差異，而且層次有所區分。

藝術教育學者一再強調一個人在藝術領域的良好成就，並不是身心發育成熟的自然結果，而是經過正規藝術教育或拜師學藝或自學成才。尤其是因爲藝術本身涉及各種不同表現形式，個人美感知覺敏銳度的差異，以及各種文化現象的理解力，並不是一種單純的學習活動。舉幾個例子來說吧！

一九八七年有一位名叫帕森斯(Parsons)的學者在他的著作《我們如何瞭解藝術》(*How We Understand Art*) 裡就提到：我有一次和一對兄妹談論畢卡索的作品「哭泣的女人」。這兩個小孩都長得聰穎而又口齒伶俐，且成長於具有濃厚藝術氣息的家庭。但他倆對這幅畫的反應，差異卻很大。這位八歲大的小妹妹說：「假如能把細節畫得更仔細些，那麼畫面上女人的表情會顯得更悲傷些。而那眼睛和眼淚畫得有點不可思議，如果把眼睛和眼淚畫得更逼眞，看起來才會覺得她是眞正悲傷的哭泣著」。另一位是十五歲的少年，反應卻相反，他認爲藝術家要把所畫的每樣事物加以誇張，才會獲得表現出更強烈的感情。那女人的眼睛看來像似正湖著淚水，那淚珠兒沿著臉頰滑落，牙咬手絹的樣子，其顯現的效果要比照片上所看到的更強烈。　徜

這兩個小孩審美觀點的差異乃是常見的現象。其主要原因係與個人藝術涵養有關，而依據帕森斯對審美能力發展歷程的看法，個人審美能力是有它發展階層，以下五階段就是帕氏所提出的：

階段一	能表達主觀的喜好與直觀的喜悅
階段二	能強調繪畫題材的美與寫實

階段三	能發掘繪畫的表現性與感情經驗的品質
階段四	能驗證存在於繪畫中的形式、媒材與風格，對社會價值之訴求比個人的成就重要
階段五	能擁有自主客觀的判斷力。對自己的審美標準，審美觀念與審美價值觀均能隨著社會環境、歷史背景及個人經驗的增長而自我調整、省思與驗證

如果依據帕氏的模式來看上述兩位小孩的審美能力，可發現那位男孩的能力已深切體認畫面裡的情感表現，應達到階段三。那位女孩較求形似，尚無法體會誇張感情的效果，應屬階段二。雖然帕氏的理論尚有缺失，但仍可供參考。

一九八三年，任教於美國邁阿密大學的麥可（Michael）在他的著作《藝術與青年》（*Art and Adolescence*）曾提到圖畫藝術表達時所運用的方法大致循下列七個步驟（Michael, 1983, pp. 25

-26)：

1. 藉環境的認知，求知慾望和信心取得正確概念化形式。
2. 取得正確眞實的自然形狀。
3. 從自然寫實的形式中探尋其中差異。
4. 視抽象藝術爲藝術表達的一種基本形式。
5. 接受各種表現形式的個別差異現象並視之爲藝術經驗。
6. 努力探尋個人在抽象表現中的差異，並將此一發現應用於藝術經驗中。
7. 衡量個別差異，去蕪存菁，保持藝術經驗的統一和完整。

他又舉例說明如下：二至四歲的小孩努力去找正確的方法畫人物、房子、樹木以及一切事物，使他們的生活更爲多彩多姿。這些事物是以符號（Symbols）或圖式（Schemata）描繪出來。通常他們都是要經過一段時間的探尋和實驗才會找到他們認爲正確的符號和圖式，然後反覆表現於畫面中。當兒童日漸長大時，他們開始脫離這種象徵性符號與圖式的表現，而注意描繪光影效果、氣氛、質感、動態、距離等特點。麥克認爲除非經過藝術指導，否則所有兒童從圖式畫特性一直到寫實表現階段都將依賴兒童的智慧和感情。如果施予藝術教學，就可以走出寫實表現（只瞭解樹、房子、人等等）而學著去瞭解抽象表現（如所有事物的線條、形式、色彩、面積等），也可以當作藝術創作表現的基礎。同時也才會考量獨特性、個性和表現性之間的差異該如何去平衡。接著成爲一個具有創造力又有敏銳審美力，能接受寫實與抽象藝術的人。

另兩位屬於夫妻檔的學者克拉克和吉姆曼（Clark & Zimmerman）就直接指出一個人的藝術學習，從最初的未開發時期一直到最後成爲特出人才，必經教師和教學活動的影響。他倆的理論裡還統合另一位名叫費德曼（Faldman）的「從普遍性到獨特性模式」如下：

普遍表現階段→文化薰陶階段→學科訓練階段→特質傾向階段→獨特表現階段

樸質期　教師與教學活動的影響　特出人才

未開發階段　導入→初階→中階→高階→專才　成熟

從上述的藝術學習發展模式裡，可以明顯看出任何一位青少年的藝術涵養，若要加以提昇，勢必要使每位青少年瞭解自我進修的管道和方法，並透過周全計劃，由家庭、社會上的文化藝術團體以及各級學校妥善提供藝術學習機會，導正學習觀念。

第三節　提昇藝術涵養的步驟

一、踏入藝術殿堂，從耳濡目染中體驗藝術之美

當前，學校和社會文教機構或多或少均會提供適當的藝術參觀觀摩學習機會。美術館、音樂廳、歌劇院、文化中心、社教館、歷史文物館、露天舞臺、電視臺等場所的頻繁演出和展示活動，以及學校的康樂文藝社團都期望大家利用課餘或假日時間主動參加。非但如此，在許多藝術家自行經營的藝術學習場所也為數不少。這許許多多的藝術活動場所長年為青年朋友們開放著。你可曾抽空去探個究竟？

收聽廣播音樂或聆賞雷射唱片裡的樂曲，的確可以使我們暫時忘卻煩惱，而當你舒坦地坐在音樂廳裡欣賞優雅的樂曲演奏時，那種臨場感與參與感使你親自體驗音樂的偉大；在美術館或畫廊裡欣賞各種不同體裁不同色調不同肌理質感的畫作或雕刻時，感動之餘，必也撩起幾分回家嘗試創作的衝動；在觀賞一齣唱作俱佳而又劇情感人的影劇時，不論是為之涕淚縱橫抑或開懷大笑，在暫時得以拋開世俗瑣事牽絆之際，你總會感受人生彷如一齣戲的事實。

當你步入一座外觀巍峨雄壯，內部裝潢肅穆莊嚴而又高雅大方的建築裡，敬佩之餘，可曾細細思索其間的藝術形式運用手法，以及建築師的美感特徵？

當你閒來賞讀一部文學佳作時，其用詞之美，敘事之感人，經典之妙引正是所謂字字珠璣，句句感人肺腑，你是否會因此情不自禁的反覆嚼讀呢？

藝術技巧雖需經由學習得來，但興趣的孕育與培養有賴藝術環境的營造與個人的主動或被動接受藝術。

二、主動參與藝術活動，從活動中汲取藝術知能

1. 認識藝術，瞭解藝術的分類

藝術，是一個總括的名稱，通常包含文學、音樂、繪畫、雕刻、舞蹈、戲劇、建築、電影等八大藝術。但在分類的標準上，常因藝術表現的性質不同而另有不同的稱呼法。諸如：

「時間藝術」是指音樂和文學等藝術表現係以時間的延續爲要件，當我們欣賞音樂和文學，需要自始至終瞭解或聽過才能獲得完整的印象。

「空間藝術」則是因爲藝術本身需占有空間。因空間藝術所占空間位置大小的不同而分三度空間藝術（即立體藝術，或 3 Dimensional Art，或簡稱 3D 藝術）與二度空間藝術（即平面藝術，或 2 Dimentional Art，或簡稱 2D 藝術）。一般平面繪畫作品就是二度空間藝術，而雕刻和建築則屬三度空間藝術。此外，因爲有的三度空間藝術品本身屬於實心或中空可供穿透進入觀賞者，故又區分爲「中實的立體藝術」和「中空的立體藝術」（凌嵩郎，民國七十六年）。

「純粹藝術」(Fine Art)，純爲探求美的表現者，如文學、音樂、舞蹈、繪畫、雕刻、戲劇等育樂性質者。這類藝術，創作時不受實用目的拘束，可以隨個人的美感意識自由表現，因此又有「自由藝術」之稱（凌嵩郎，民國七十六年）。

「應用藝術」(Applied Art)，以實用爲主要目標的藝術表現者，如建築、商業性平面廣告設計、室內裝潢設計、庭園景觀設計等與食、衣、住、行關係較密切者。這類藝術因受實用因素束

縛，無法完全依個人意識自由表現，因此有「羈絆藝術」之稱（淩嵩郎，民國七十六年）。

「靜態藝術」，是經過靜態去求快感，藉著靜止物體、形體和符號的變形或結合來完成藝術家的目的。如繪畫和文學等。

「動態藝術」，是經過動態或轉換的形式去求快感，是用身體的運動和時間的變遷來完成藝術的目的。如音樂、舞蹈、戲劇等。

2.選擇自己最喜歡的藝術形式，學習藝術表現技法

在各種不同表現形式的藝術活動中，你最常看到或聽到的有那些？你較喜歡的是什麼呢？唱歌？跳舞？歌劇？話劇？陶燒？漫畫？書法？國畫？水彩？雕刻？篆刻？建築設計？服裝設計？電影？鋼琴演奏？提琴演奏？文藝寫作？文學批評？……實在不勝枚舉。你有必要作審愼選擇，一經決定就應有周全的學習與嘗試創作的計劃。

3.具有基本的藝術技術後，兼而驗證藝術知識或理論

藝術理論和文化知識方面，雖然藝術哲理與藝術史涉及實際創作經驗較少，但若有之則更佳。其他有關藝術創作理念的探討總需要以藝術創作的實際經驗爲根基，而藝術知識和理論都是前人創作經驗的累積，因此，兩者間宜兼研互濟，俾益尋求精益求精之道。

4.嘗試發表藝術作品和藝術見解

發表藝術創作學習成果的方式很多。最初，可以藉由團體演出或團體展示活動發表自己的作

品，也可約定幾位同好執行之。在展演活動中，聽聽師長親朋好友的意見是很重要的，而自己的創作理念更應妥加闡述。

三、將藝術之美與藝術知能溶入生活中

藝術的涵養，除展露各人藝術才華之外，更重要的是如何將自己汲取的藝術知能淨化心靈，提昇生活格調。

1. 在生活中表現出個人的藝術素養與優美的文化氣質

近年來，國人出國觀光旅遊者頗多，在國外的一切表現所象徵的是國人的經濟能力、民族特性、文化氣質與藝術素養。國人的當前急務應該是提昇藝術素養、道德觀念與國際禮儀。爲達到此一目的也爲改善國內社會風氣，藉著藝術的認識與參與，導向正當娛樂乃是最上策。

2. 營造幸福美滿的家庭生活

圖三　將藝術之美與藝術知能溶入生活之中

藝術涵養與家庭生活幸福的關係相當密切。全家人一道欣賞戲劇公演、出席音樂會與演唱會、觀賞藝術展覽、逛書展買好書、將藝術品評心得或樂趣納入家庭言論範疇中。我們能否將藝術的妙處展現於家庭中，全靠一家人的合作與家庭成員的主導意志。

3. 倡導高尙的全民藝術，建立具有高度藝術素養的國家社會

藝術的表現方式繁多，而藝術素養的高尙或低俗，學校教育和家庭教育的關注有直接關連，一旦蔚爲整體社會的風氣，影響所及，可以促成國家民族的興衰。目前，國內高尙精緻的藝術如上述所提及之文學、音樂、繪畫、舞蹈、戲劇、雕刻、建築、電影等八大藝術以及其他相關藝術活動推展工作頗受文教機構重視，但似乎尙待國人一致支持與共同參與。

第四節　積極參與藝術活動

國內傳統的藝術教育一向偏重創作，而疏忽了審美判斷能力、藝術批評能力以及藝術文化知識等領域的學習，加諸升學競爭劇烈，使得一般青年難有餘裕的時間體悟藝術涵養的實質意義與其對個人生活的重要性。

從教育的立場談藝術，則每個人學習藝術的過程顯然要比他最後完成的作品更重要，這也恰好說明藝術涵養的過程中，最重要的是正確地認識藝術內涵，認淸自己眞正喜愛而又想積極參與

的藝術活動，然後就是主動規劃藝術學習計劃，並確實付諸行動，從藝術活動中認識藝術，接納藝術。至於個人對藝術的造詣或藝術專業成就之高低，並非我們一般人提昇藝術素養的最主要的目標。我們所期望的是：你從藝術創作與藝術鑑賞中，體悟出它對我們枯燥而又緊張忙碌的生活形式中，得到多少啓示，與調劑功能或則是運用高尚的藝術活動來使自己悠閒的一生過得更多彩多姿。

推薦進修書目

1. 凌嵩郎等，《藝術概論》，國立空中大學，民國七十六年。
2. 郭禎祥，《當前我國國民美術教育新趨勢》，臺灣師大中輔會，民國八十二年。
3. 林仁傑，《美育月刊》第二十期，〈評介帕森斯（Parsons）的審美能力發展階段論〉，國立臺灣藝術教育館，民國八十一年。
4. Michael, J. A. (1983), *Art and Adolescence*, Teachers College Press, Columbia University.
5. Parsons, M. J. (1987), *How We Understand Art*, Cambridge University Press.
6. Clark, G. A. & Zimmerman, E. D. (1984), *Educating Artistically Talented Students*, Syracuse University Press.

7. Eisner, E. W. (1974), *Educating Artistic Vision*, New York: The Macmillan Company.

習題

呂啓民

一、選擇題

1.(　)統合音樂、繪畫、舞蹈、建築、文學的藝術表現形式爲何？①雕刻　②達達藝術　③戲劇　④室內設計。

2.(　)下列對於「藝術的涵養」的敍述，何者爲「非」？①是透過學習與薰陶的過程　②藉以改變其行爲思想　③可不學而得的先知先覺　④是藝術文化知識的增廣。

3.(　)下列之藝術的表現形式，何者屬於「空間藝術」？①音樂　②雕刻　③文學　④電影。

4.(　)下列之藝術的表現形式，何者屬於「動態藝術」？①繪畫　②建築　③戲劇　④文學。

5.(　)下列之建築藝術，何者屬於「中實的立體藝術」？①聖家堂　②艾菲爾鐵塔　③金字塔　④自由女神像。

6.(　)小明看完美展，跟媽媽抱怨一點都不好看，因爲「畫得不夠眞」請問帕森斯的審美能力發展階層，小明屬於第幾階段？①一　②二　③三　④四。

7.(　)下列何者屬於「應用藝術」？①唐詩三百首　②命運交響曲　③萬里長城　④畢卡索畫作。

8.（　）提昇藝術涵養的首要步驟爲何？①體驗藝術之美　②熟稔創作理論　③精熟表現技法　④生活藝術化。

9.（　）下列藝術表現形式何者屬於「靜態藝術」？①文學　②舞蹈　③音樂　④戲劇。

10.（　）下列何者並「非」藝術教育的主要目的？①培養專門人才　②提供藝術學習機會　③提昇藝術涵養　④培養審美能力。

二、填充題

1. 應用藝術受實用因素束縛，無法完全依個人意識自由表現，因此有＿＿＿＿之稱。
2. ＿＿＿＿係指純爲探求美的表現者，創作時不受實用目的的拘束，可隨個人的美感意識自由表現，又稱爲自由藝術。
3. 經由＿＿＿＿中認識藝術並接納藝術，是提昇藝術涵養的最佳途徑。
4. 自然流露的藝術行爲說明了人類的藝術本能，而人類可使這些行爲更趨＿＿＿＿，造就了不同的藝術形式。
5. 國內傳統的藝術教育過於偏重創作，而疏忽審美判斷能力、＿＿＿＿能力及藝術文化知識的培養。
6. 三度空間藝術可加以區分爲中實的立體藝術和＿＿＿＿立體藝術兩種類型。
7. ＿＿＿＿藝術因發展最晚，故俗稱爲第八藝術。
8. 個人的藝術學習是一種從普遍性到＿＿＿＿的模式。
9. 藝術興趣的培養除個人因素外，尚有賴於＿＿＿＿的營造。

10.欣賞音樂與文學需要自始至終的瞭解或聽過才能獲得完整的印象，故具＿＿藝術的性質。

三、申論題

1. 簡述藝術之所以存在的道理？

2. 簡述如何將藝術之美與藝術知能溶入生活中？

活　動

欣賞——藝術之饗

韓青菊

一、活動目標

增進對藝術之瞭解與欣賞能力。

二、活動過程

1. 準備活動

(1)選出本班同學中對各類藝術有深入研究者。

(2)選出之同學依專長携帶名曲錄音帶、名家書畫、或雕塑、建築、電影、文學、舞蹈等作品各乙幅或照片數張。

2. 發展活動

(1)藝品簡介：由選出之同學展示藝品，並作簡介評析（含作品特色及作者之生平故事簡介）。
(2)藝品欣賞：呈現藝品讓全班同學共同欣賞。
(3)心得研討：採開放式討論，由選出之同學引導全班同學自由發表心得感受。
3. 結束活動：教師綜合結論。

第三章　宗教信仰

張樹倫

人是會思想的動物，由於人有思想，因此人類常會提出各種問題，並試圖尋求解答。有些問題是一般性的，透過常識乃至科學知識，便能夠給予回答。然而有些問題乃超出個別而問及全體，超出時間而問及時間之前與時間之後，例如：人是什麼？人從何而來？人生的意義與目的爲何？何謂痛苦？何謂幸福？如何獲得幸福？如何解脫痛苦？人死後往何處去？這些無法自常識和科學中獲得答案的終極問題，人類常會仰賴宗教的解答。從原始宗教、傳統宗教到新興宗教，宗教可以說是伴隨著人類文明的興起而興起，並陪著人類文化一起發展。今天，全世界約有二十六億人信仰各種不同的宗教。在臺灣地區，也常可見到各式的教堂、廟宇乃至神壇。縱然是不信任何宗教的人，在面對人生與世界的究竟意義之類的終極問題時，也可能或隱或顯的相信某種主張。

第一節　宗教信仰的起源與意義

宗教現象在人類生活中可謂歷史久遠。宗教的起源相當錯綜複雜，人類學者、社會學者、心理學者各自提出見解，可謂眾說紛紜。一般常見的說法，如：史萊馬赫（Schliermacher）認爲宗教乃起源於人類對「絕對」的依賴，於是產生神的概念和道德的力量。赫茲拉（Hertzler）認爲宗教是源於人類生存於不穩定和不安全的環境中。奧圖（Otto）則認爲宗教的由來，在於人類恐懼一個所謂「神祕的祂」，人類認爲冥冥中有一股超自然力量，這種心理促生了人類的宗教經驗，而且這種心理極其獨特，需要某種特別能力，才能與神祕的超自然力量接觸。宗教經驗就具備這份特殊能力。

人在世界上不時面對自然環境、社會環境以及精神環境中的各種問題。遠古時代，人類科學知識和技能十分粗淺，面對外在的各種現象與挑戰，認爲宇宙間有一種不是人類所能控制的超自然力量，在又敬又畏的心理下，用各式各樣的崇拜活動和祂建立關係，這可以說是最原始的宗教型態。由於人有思想，不僅追求生命的保全，更追問生命的意義，因爲人在生、老、病、死這些自然現象前，感到自己生理上的無可奈何，在痛苦與罪惡的經驗之前感到心理上或道德上的無能爲力，於是面對這些界限狀況，人類求超越之心便油然而生。這種對於終極問題的關懷與反省，便產生了有系統的宗教理論，以滿足人對人生與世界究竟意義的探索與追求。

宗教一詞在西方語言中源於拉丁文 religio，此字在拉丁文中的原意是指，人在祖先崇拜、神靈敬仰和巫祝獻祭等禮儀中的態度和行爲；宗教即人對神靈的敬畏、義務和尊崇，神人之間的結合、重歸於好。人類學家泰勒（Tylor）即認爲：宗教是對神靈的信仰。社會學家則視宗教爲一種制度，一個信仰和實踐的體系。宗教制度，是人類爲了應付不可知的超自然力，意欲脫離不穩定、不安全的環境，爲求自我平衡、精神慰藉而形成的行爲模式。在宗教中，「信」是非常重要的，信是人生的重要態度，是接受一個人，肯定他說的爲眞，他做的是有意義的。信需要培養，一旦產生，便不易改變。含有虔誠與欽佩的信，便是信仰。宗教能夠產生廣大的影響力，就是在於教徒對於宗教教義眞誠的信仰與篤行實踐。因此一般常將宗教信仰合而言之。

第二節　宗教信仰的功能

宗教制度在人類歷史中年代久遠，對人類社會影響深遠，依據社會學家的研究，宗教具有下列五種重要功能：

一、加強道德秩序

幾乎各種世界性的宗教，在其經典和教義中均會有一些誡律要求信徒遵守，不論是基督宗教的十誡、回教的十訓或是佛教的十戒，其內容均是對人性有所規範。宗教與道德密不可分，彌補社會中道德不足之處。中國人常說的：「舉頭三尺有神明」就在警示世人，一切所作所爲均有天上的神祇明鑒。又如「善有善報，惡有惡報，不是不報，時候未到」指示人們善惡終將有報，鼓勵人們從善去惡。宗教藉神聖和超自然的力量，界定世俗界的善惡是非觀念，要求信徒們遵行實踐，提供社會規範的基礎。同時藉由天堂、地獄、最後審判等觀念，鼓勵人們遵守誡律。宗教這種鼓勵守法者，打擊偏差者的教義，增強了社會道德和秩序。

二、提供精神支持和慰藉

人類一生努力奮鬥追求平安幸福，但是不論是外在的自然災難，生命本身的生老病死現象，或是人類內在心理的絕望、失意、沮喪、恐懼等不安的感覺，均會給人類帶來痛苦。宗教強化了人類應付人生問題的能力，在人類情感不穩定時，提供支持的功能；在危機發生時，則提供慰藉的功能。一切宗教組織，都有關於生、老、病、死、結婚等人生大事的儀式。透過這些儀式，使人神聖化，以鬆弛人們緊張的精神，並在神職人員的安慰、祝禱下獲得心靈的平靜。更進一步的還可從宗教信仰中解脫生命的黏縛，追求超越世界絕對的自由。

三、增強社會控制

藉由社會價值與規範的提供，宗教使人樂意接受秩序的約束，可減少偏差行爲的發生。倘若有偏差發生，宗教亦扮演調停的角色，如藉贖罪，將偏差者重新整合於社會團體中。宗教的各種儀式，使個人與團體結合，增加團體意識，使人重視團體之目標大於個人之利益，如此加強了社會功能。

四、預言未來的精神境界

各種宗教都爲人類預設了一個超越的、至善的完美境界，透過其神聖力量與超自然能力，爲人類創造未來的美景，如佛教的極樂世界或基督教的天堂。使人們有一個美好的憧憬，有一個追求的理想，抛掉以自我爲中心的自私的感情，以博愛和忍讓的原則立身行事，因而忘記了人間的醜陋和痛苦，追求超越的精神境界。

五、促進團體認同感

宗教對於信徒而言，提供了認同的功能。透過宗教儀式，個人可以變成宗教團體的一分子，認同於團體。經由儀式，可以使個人和上帝的關係連結在一起，抵擋四周罪惡的力量。透過宗教的經典與教義，使人認同宗教本身的價值和目標。這種認同功能，可促進團體的凝固，使人們獲得堅強的團體感。

此外，宗教團體在社會中也積極發揮了社會服務的功能，以及維護世界和平的功能。如獲得諾貝爾和平獎的德蕾沙修女、達賴喇嘛，又如在我國臺灣地區由證嚴法師所領導的慈濟功德會等，都是由宗教界人士，以慈悲、博愛的胸襟，引領信徒從事各項慈善、救濟、社會服務的工作。發揮了宗教積極入世的精神。

第三節　宗教信仰的流弊

宗教信仰一方面固然對人類探索的終極問題提出解答，對人類社會具有許多積極正面的功能，但也由於宗教是人類暫留世界的一種組織和制度，基於人性的不圓滿，自難免產生各種流弊。

一、偏激思想

個別宗教各有自己的教義和誡律，一般均付諸文字，成爲該教神聖不可侵犯的經典。由於教義和誡律寫成經典時，內容尚相當原始，並不處處均能相互貫通，於是成爲偏激思想的來源。這些偏激思想，由於涉及信仰，因此常常引發不同教派之間嚴重的對立，乃至發生流血事件。

二、情緒狂熱

信仰是一種誠於中而形於外的行爲表現，必然含有情緒的作用。但是如果情緒過分狂熱，便容易產生衝動的行爲。如果有宗教投機分子，爲圖一己之利，煽動信眾，攻伐敵對者，則更是瘋狂可怕。例如回教的一些激烈教派就常基於情緒的狂熱而對異教徒或不同教派者展開攻擊。偶而也在報章雜誌上看到某一新興教派，在宗教情緒狂熱下發生教徒集體殉教的報導。

三、假藉神意

信仰經驗依靠修養而發展，宗教行動則必須根據終極世界的啓示，然而各宗教中的神職人員仍然是人，因此制度難免被人濫用，自私的領導人物假藉神意，制定不良制度尋求個人利益。例如中世紀的天主教向教徒出售贖罪券，終致引發了宗教改革。又如社會中一些神棍假藉神意，向信徒騙財騙色，更值得我們警惕。

四、宗教衝突

各個宗教均堅信各自的教義，自我獨尊，對於其他宗教，能容忍者極為少數，因而造成了不同宗教之間，乃至同一宗教的不同教派之間的衝突。人類歷史中由於宗教信仰而引發的戰爭，可謂不計其數。其中最著名的當為十字軍東征。

流弊的受害者大部分是宗教團體中的信徒，然而有時候也給人類世界帶來災難。這實在是信仰宗教者，以及宗教界的領導者所應該深思及避免的。

第四節　各大宗教派精義

宗教是人類普遍現象，但是由於各民族的不同，使得各宗教的教義、儀規及傳教方式各有不同，然而其本質則不外乎啓發世人良知，淨化世人心靈，藉由自我修為，提昇性靈，以追求眞、善、美、聖、神的超越境界。目前世界上影響較為深遠，在我國也較普遍為人所知的宗教包括道教、佛教、天主教、基督教、回教等。

一、道教

道教是我國原創的宗教，以道家思想和經典爲理論基礎，尊黃帝爲始祖，奉老子爲道祖，眞正的創教者則是東漢時的張道陵，因而被奉爲教主。其內涵以道家思想爲核心，參雜古代玄學、術數、神仙思想、民間信仰而成。南北朝以後，因印度傳來的佛教思想盛行，它又吸收了佛教部分儀規和理論。其後又受禪宗影響，形成一個內容複雜、宗派衆多的宗教。道教以成仙爲修養目標。爲求長生不死，形神俱妙，可藉助外力或靠自力修持。藉求外力者分爲向神仙求助的祈禱和服食丹藥的服餌二派。靠自力者則經由鍛煉自身的精、氣、神，以求達到長生不死。除了煉氣之外，也重視外德的積聚，因而對於德行的規定也十分嚴格。

二、佛教

佛教源起於印度，創始人是迦毗羅衛國的太子悉達多，因見生老病死之苦，毅然出家修道，終於超脫束縛身心的煩惱，徹底證悟宇宙人生眞理。教徒稱他爲釋迦牟尼（意爲釋迦族出身的覺者、聖者）。佛不是神，並不具有創造宇宙、獎懲人類的能力，而是以人身實現正覺解脫的聖者。同時一切衆生只要依教示方法努力，均可成佛，具有強烈的平等精神。佛教的信仰，以三寶爲依歸，三寶是指佛（教主）、法（教義）、僧（僧侶）三者。以十二緣起說明衆生的生死循環過程。以四聖諦說明及引領衆生擺脫世間的苦難，了生脫死，達到解脫的涅槃境界。

三、天主教

天主教是建基於對耶穌基督的信仰上。其前身是猶太教，因此繼承了猶太教一神觀念和《舊約聖經》。認爲宇宙萬物乃是由三位一體的唯一天主所創造的。人類的始祖亞當、夏娃因違抗天主命令，失去樂園，造成人類與天主隔離的處境，即是「原罪」。對於原罪，人自身無力糾正，必須天主主動赦罪，因此基督降生贖世。人必須接受耶穌赦罪（受洗），和實踐耶穌的教訓（善工），才能得救。天主教的教會組織，系統嚴密。禮儀包括彌撒祭禮和七件聖事❶，是神與人生命互通交流的聖禮。誡命則是引領信徒走向天國的道路。不論教義、組織、儀規各項，天主教都是一個系統嚴謹的宗教。

四、基督教

基督教也是建基於對耶穌基督的信仰上。其前身正是天主教，於十六世紀宗教改革時與天主教分離。馬丁路德、喀爾文、衛斯禮等宗教改革者，以《聖經》爲依據不斷檢視自己，改掉某些毛病，欲使其教派更符合原始使徒時代的基督信仰。然而由於各教派均認爲他們有解釋和宣揚《聖經》的自由，使得基督教分裂出各種教派和教團。目前在臺灣地區即有長老會、浸信會、貴格會、錫安堂、聚會所等不同教派。基督教的中心信仰，相信聖父、聖子、聖靈三位一體的唯一眞神，

❶ 七件聖事係耶穌所建立的制度，在聖事禮儀中，施行聖事者藉著可見的記號，賦予領受聖事者以不可見的恩寵，使其有分於超自然的生命。七件聖事分別爲洗禮、堅振、聖體、告解、聖秩、婚姻、敷油。七件聖事涵蓋信友一生重大歷程，使信友們身在世間，心存天國，帶著超自然生命過現世生活。

立基於《聖經》的教訓，以耶穌基督的拯救爲核心，宣揚教義。

五、回教

回教本名伊斯蘭教，拜眞主阿拉，信末日。穆罕默德先知於西元六〇九至六三二年間，接受眞主啓示，傳達福旨給世人。其教義包含有和平、安祥、順服、公正、平等多種涵義。主要經典是《古蘭經》及聖訓。基本信念有六項：信眞主、信天仙、信經典、信先知、信後世、信命運。在儀規方面則有唸、禮、齋、課、朝五功。信徒並需嚴守經典中提到的道德及生活規範。回教徒十分注重衛生，日常洗滌不懈，古稱其爲清淨教、清眞教，名實頗符。

第五節　科技時代的宗教信仰

宗教信仰不僅維繫人類社會的倫理道德，提供人們精神的支持慰藉，另一方面更爲人類各種終極問題提出解答，一直扮演著很重要的角色。直至啓蒙時代以來的潮流，主張脫離傳統與權威的壓制，強調理性思想的自由；脫離傳統的宗教信仰，轉爲信仰理性與科學。近世以來科技的發展，不僅提昇了人的生活品質，也改變了人對生命、宇宙，以及人在宇宙中的看法，因而強烈引發科學與宗教的衝突。事實上人們並未因科技的發展而滿足，因爲對於人生意義等終極問題的關懷是無法由科技發展取代的。同時宗教信仰並不是非理性的，乃是超越理性的。以今日之實證科學，尚不足以解答圍繞著我們的存有及無可名言的最終奧祕等問題。科學不是萬能的，無怪乎諾貝爾物理學獎得主海森堡（Werner Heisenberg）會語重心長的說：「雖然我深信科學眞理在它本身範圍內完全站得住腳，但我從來也沒有把宗教思想的內涵視爲人類意識暫渡的，在未來可以拋棄的東西」。

在今天科技化、工業化的社會中，人們渴求以人類的力量控制外在世界。但越求控制，就越感到欲望不止，亦更加焦慮不安；人們在物質上享受的越豐厚，也越感到內在心靈的空虛。因此現代人更需要宗教信仰。我國自古受儒家倫理思想影響，強調敬天法祖；對於人和自然的關係，主張天人合一。儒家雖非宗教，但整個儒家思想的中心就是「仁」，這種誠明、盡性、仁愛等主張，與其他世界性宗教所注重的豐富心靈生活有異曲同工之妙。我們如能發揮中國傳統文化與世界各大宗教所隱含的精神寶藏，或可滋潤現代社會中寂寞、疏離的心靈。

推薦進修書目

1. 楊惠南著，《佛教思想發展史論》，臺北：東大圖書公司，民國八十二年六月。
2. 房志榮等著，《宗教與人生》，臺北：國立空中大學，民國七十六年。
3. 羅光著，《宗教與生活》，臺北：光啓出版社，民國七十八年。

4. 呂大吉等譯，《比較宗教學》，臺北：久大文化公司，民國八十年。
5. 林本炫編譯，《宗教與社會變遷》，臺北：巨流圖書公司，民國八十二年。

習題

呂啓民

一、選擇題

1.(　)基督教的「十誡」、回教的「十訓」、佛教的「十戒」等誡律提供社會何種功能？①預言的功能　②認同的功能　③加強道德秩序的功能　④精神支持和慰藉。

2.(　)a對「絕對」的依賴感　b對「環境」的不安全感　c對「造物者」的恐懼感　d對「自我」的滿足感，何者是宗教起源的可能原因？①acd　②ab　③abd　④abc。

3.(　)張三喜歡研究人生與世界的究竟意義等終極問題，下列何者爲他所關心的問題？①如何改善人際關係　②人死後何去何從　③人口過剩　④原始部落的分布。

4.(　)下列何者是源自我國的本土性宗教？①佛教　②天主教　③淸眞教　④道教。

5.(　)下列何者說明了宗教的積極入世精神及社會服務功能？①佛光山弘法大會　②宗親會祭祖大典　③慈濟功德會募款賑災　④媽祖出巡。

6.(　)下列何者「不」是基督教的教派？①錫安堂　②浸信會　③一貫道　④聚會所。

7.（　　）下列對「回教」的敍述何者是正確的？①以「穆罕默德」爲唯一眞神　②教徒十分注重衛生，古稱清淨教　③不信末日　④誠命是引領信徒走向天國的道路。

8.（　　）下列對「佛教」的敍述何者是正確的？①「佛」是宇宙的主宰者　②以唸、禮、齋、課、朝爲儀規　③敬天法祖　④以十二緣起說明輪迴觀念。

9.（　　）佛教對於「以人身實現正覺解脫的聖者」通稱爲：①佛　②釋迦牟尼　③高僧　④法王。

10.（　　）a浸化世人心靈　b啓發世人良知　c成全自我修爲　d激化教派對立，何者爲宗教的本質？①acd　②ab　③abd　④abc。

二、塡充題

1. 基督教義中將人類始祖因違抗天主命令，失去樂園，造成與天主隔離的處境，稱之爲＿＿＿＿。
2. 宗教信仰並不是非理性的，而是一種＿＿＿＿的態度。
3. 佛教三寶所指爲＿＿＿＿。
4. 相對於基督教的天堂，佛教稱之爲＿＿＿＿。
5. 透過宗教儀式，個人可以成爲團體的一分子，並接受教義的價値與目標，促進了團體的凝固。以此說明了宗教的＿＿＿＿功能。
6. 佛教的「一切眾生依教示方法努力均可成佛」主張，具＿＿＿＿精神。
7. 道教尊黃帝爲始祖，＿＿＿＿爲道祖。

8.宗教之所以產生各種流弊乃因為＿＿不夠圓滿。

9.天主教將實現基督的教訓稱之為＿＿。

10.回教的主要經典為＿＿。

三、申論題

1.試述宗教信仰的功能。

2.試述宗教信仰的流弊。

活　動

參觀訪問——揭開宗教的神祕面紗

韓青菊

一、活動目標

1.認識我國境內五大教派。

2.發揮團隊合作精神，增進採訪溝通知能。

二、活動過程

1.同學們於本單元結束後依興趣自由分組。共分成道教、佛教、天主教、基督教、回教五組，每組人數相當。

2.各組成員分派下列職務：訪問、攝影、錄音、資料整理、撰稿等。

3. 各組利用課餘時間分赴地方上與本組相關之道觀、寺廟、教堂等實地參觀訪問。

4. 訪問內容要點如下

(1)宗教教義爲何？

(2)宗教儀式有那些？

(3)宗教特色是什麼？

(4)宗教戒律有那些？

(5)修養的方法是什麼？

(6)對地方上之影響爲何？

5. 小組成員撰寫採訪報告，並附上圖片說明。

6. 各組繳交一份書面報告給教師，並印發資料給全班同學。

7. 各組向全班口頭報告採訪結果，並接受質疑，再進行全班討論。

第四章　休閒活動

呂建政

第一節　休閒的意義

在現代社會中，「休閒」已是一個相當普遍的名詞，然而，想要對「休閒」提出一個周全的定義，卻又不是一件容易的事。不過，無可否認的是，「休閒」是生活中人人可以感受到的一部分，只是人人的感受不同，因而，也就對「休閒」產生不同的看法。

對許多人而言，休閒最主要是指一段空閒的時間，更確切的說，休閒是人在滿足基本生理需求以及做完謀生的工作之後所餘下的時間，這一段時間通常就被稱爲「休閒時間」或「自由時間」，而且人可以在這一段時間中由自己決定或從事自己所喜歡的活動，或只是休息不活動。這種以「時間」的角度來論休閒的看法，雖然言之成理，但也有值得商榷之處，例如，因生病、失業或退休而無法或毋需工作的人，是否就因此而得到許多休閒或自由的時間呢？答案當然是不盡然。某段時間是否爲休閒時間，還得由人的主觀意識來決定，只有當人覺得是以其自由意志運用時間時，那一段時間才有可能成爲休閒時間。

擁有休閒時間且可依照自己的意願去從事自己所喜好的活動，這是大多數的人在直覺上對休閒的看法。然而，對有些人而言，休閒最主要是指一種清靜悠閒的心境，或是一種活得自在的生存狀態。因此，休閒並不等於是一段不用工作的空閒時間，也不等於是職業工作以外的休閒活動，因爲只有休閒時間而沒有休閒感受，那樣的時間是令人厭倦的，而只有休閒活動卻缺乏休閒心境，那樣的活動可能只是另外一種形式的工作而已。這種以「心境」的角度來論休閒的看法，提醒了我們，休閒最大的障礙也許並不是沒錢沒閒，而是孤寂封閉的心靈和爭名逐利的生活態度。因此，樸實單純的生活理念以及自由遼闊的生活視野，或許才是休閒眞正的泉源。

歸言之，人們對休閒主要有二種不同的看法，有人認爲休閒主要是指休閒時間及其活動；有人則認爲休閒主要是指休閒心境。這兩種看法雖然差別極大，但可以幫助我們對休閒有較完整的認識。

第二節　休閒的本質

休閒的意義不論是休閒時間，或是休閒活動，或是休閒心境，休閒必需具備一個關鍵性的要素——自由。自由這個要素是休閒的本質，也是人之所以爲人的條件。因此，人不能沒有自由，人也不能沒有休閒。

自由的概念與休閒是密不可分的。即使休閒指的只是人在滿足基本生理需求以及做完謀生的工作之後所餘下的時間，這一段時間應是交由個人自由地加以運用的時間。因此，自由是內含於休閒，且使休閒顯得珍貴的要素。重視休閒時間等於是重視個人自由的時間，而個人能擁有自由、休閒的時間，也才有可能使其生活更加完整與豐富。

休閒的時間既然是交給個人自由地加以運用的時間，那麼，這一段時間應該做些什麼休閒活動才好呢?事實上，休閒時可以做的活動不勝枚舉，同時，也沒有任何一項所謂的休閒活動都適合每一個人。因此，個人是否能依據自己眞實的意願而自由地選擇自己的休閒活動，就成爲一件重要的事。換言之，休閒活動一定要具備自由選擇與自由參與的精神，而且，只有以自由爲基礎，休閒活動才不會徒有休閒的外貌，卻缺乏休閒的實質。

自由對於休閒心境而言更是重要。許多人對休閒的嚮往，其實就是對清靜悠閒的心境或是活得自在的生存狀態的嚮往。從另一個角度來說，休閒是一種能夠免於急躁、緊張與焦慮的自由，或是一種使一個人活得自在、活出自我的自由。因此，休閒的心境也可以說是自由的心境，而人在此一自由的心境之中，更能認識自我、接納自我、肯定自我，並決定爲理想的自我而付出眞誠的努力。

總之，休閒的本質是自由。休閒時間是個人可以自由運用的時間，休閒活動是自由選擇與自由參與的活動，而休閒的心境更是一種自由自在的心境。瞭解休閒之本質爲自由，我們應該珍惜此一自由，以善用休閒時間，享受休閒活動，並以成就自由自在的休閒心境爲理想。

第三節　休閒活動的選擇

休閒活動如果只是休閒時間所從事的活動，卻沒有使人的生活更爲愉悅及更有意義，那樣的休閒活動也就僅僅是漫無依歸、打發時間的活動而已。從另一方面來說，如果對休閒時間的利用，也抱持著像工作一樣追求效率的心態，而緊湊的安排休閒活動，其結果往往只是壓力徒增而已。因此，休閒活動的選擇與安排就成爲提昇休閒生活品質所必需關心的課題。

一、爲使人生的需求獲得全面性的滿足而選擇休閒活動

在休閒時間可以從事的活動可說是項目繁多。有許多人嘗試著以活動的內容對各式各樣的休

閒活動加以分類，例如，將休閒活動分成娛樂性休閒活動、體能性休閒活動、社交性休閒活動、知識性休閒活動、藝術性休閒活動、服務性休閒活動等。這些分類的類別數往往不一致，而且有時還將同一種活動歸併在不同的活動類別中。雖然如此，將休閒活動大致加以分類之後，我們即可以看出休閒活動是與人生的種種需求有關的，人有在勞心勞力之工作後暫作鬆弛、休息或娛樂的需求，人也有找尋歸屬感與建立親密關係的需求，人有冒險挑戰開拓自我的需求，人也有表情達意展現自我的需求，人更有服務他人貢獻自我的需求。人生的種種需求除了透過工作與家庭生活，可以獲得部分的滿足，更有必要經由各式各樣的休閒活動，以獲得全面性的滿足。

二、瞭解休閒活動層次，省察需求，再選擇休閒活動

在項目繁多、類別各異的休閒活動中，究竟是否有某些休閒活動比起其他的休閒活動來得更好或更有意義呢？此外，是否一個人所能從事的休閒活動愈多就代表其休閒生活品質愈高呢？這些有關休閒活動之選擇與安排的問題是值得深思的。就理論上來說，每個人當然會依照其需求及價值觀來選擇「好的」或「有意義的」休閒活動。因此，儘管每個人的需求不同，價值觀也不一致，但只要其所選擇的休閒活動能滿足其需求或符合其價值觀，則不論其所從事的休閒活動爲何，均應一視同仁地肯定其休閒活動爲好的或有意義的活動。這種觀點認爲休閒活動本身沒有所謂的好、壞或有、無意義。休閒活動的好、壞及意義性是由人透過主觀的選擇而加以認定的。此一觀點如果成立，則我們很難說有某些休閒活動，比其他的休閒活動來得更好或更有意義。然而，也

有人主張休閒活動是有層次之別的，原因是人的需求是有等級之分的。簡單地說，人的需求有三個等級，最基本的等級是維持自我的需求，相應於這種需求的休閒活動，以感官享受爲主；更上一層的等級是充實自我的需求，相應於這種需求的休閒活動，以知識與技能的學習爲主；最高的等級是超越自我的需求，相應於這種需求的休閒活動，以內省的沈思、藝文的創作與社會的服務爲主。依據上述，休閒活動有層次上的高低，有些休閒活動只是帶來了感官的快樂；有些休閒活動則豐富了生活的內涵；有些休閒活動則更提昇了生命的意義。因此，每個人有必要瞭解休閒活動的層次，並省察自己的需求，以便合理地選擇與安排自己的休閒活動，且又能適時地提昇休閒活動的層次，使休閒活動不只是工作之餘的生活調劑，以及生活境界的拓展，更是生活意義的泉源，以及文化創造的基礎。

三、著重休閒活動的數量與心境

另一個關係著休閒活動的選擇與安排的問題是，一個人在休閒活動之數量上的多寡，能否代表其在休閒生活之品質上的高低？此一問題顯然是沒有確定的答案，然而卻有澄清與討論的必要。大致而言，一個人在休閒活動之數量上較多，可以視爲是其休閒生活之品質較高的指標之一，因爲較多的休閒活動所代表的意義可能是開放的心靈、廣泛的興趣、樂於嘗試的勇氣，以及珍惜休閒之自由的具體表現。但是，如果較多的休閒活動只是逃避生活之責任的結果，或是休閒活動的層次始終無法提昇，或是刻意追求休閒活動的多樣性，而失去了休閒的心境，那麼，再多的休閒活動也不足以增進休閒生活的品質。

總之，休閒活動的項目與種類很多，休閒活動的層次有高低之別，我們如何合理地選擇與均衡地安排休閒活動，不僅關係著我們休閒生活的品質，也十足地反映了我們整體的生活價值觀，所以我們有必要真誠地省察自己的需求，深刻地澄清自己的價值觀，從而全心地參與投入由自己所選擇與安排的休閒活動。

第四節　休閒活動的參與

林林總總的休閒活動就像是盛筵上各式各樣可口的佳餚，如果你只是在一旁欣賞讚美，卻不以實際的行動參與品嚐，或你只是應酬敷衍、狼吞虎嚥，以致於無法細品美味、充分享受，那麼，這一場盛筵如果不是虛設，那就是浪費。因此，如何開創參與休閒活動的條件，以及應以何種心態參與休閒活動，也是值得關心的課題。茲提供四項與休閒活動之參與有關的觀念如下：

一、珍惜休閒的時間

人類一切的活動都是在時間中進行的，沒有時間就不可能有活動。許多人經常抱怨沒有時間去做自己想做或應做的事，然而事實上，時間是恆久長存無所不在的。因此，人類在時間上所面臨的問題不在於時間的有無，而在於時間的分配。將休閒時間視之為滿足基本生理需求以及做完謀生的工作之後所餘下的時間，這樣的看法是不無缺憾的，因爲此一看法象徵著工作是首要的，而休閒是次要的；同時，它也意味著人只有在工作做完之後才可以休閒；然而，不幸的是沒有一個人曾將其工作眞正做完的。人有必要爲了自己的生存和社會的生存而工作，但是，工作絕不是生活的全部，而休閒也不應該是工作的附屬品。因此，我們要體認到如果休閒沒有比工作來得更重要，它至少要跟工作一樣的重要。依據此一體認，我們就會爲自己找到休閒時間，並珍惜此一休閒的時間，以參與自己所選擇與鍾愛的休閒活動。

二、突破休閒的障礙

人即使擁有了休閒時間，也參與了所謂的休閒活動，卻不一定能樂在休閒活動之中，這種情形可稱之爲休閒的障礙。形成休閒障礙的原因很

圖四　珍惜休閒時間

多，例如，缺乏自主的精神，以致於所選擇的休閒活動不能滿足眞正的休閒需求；喪失遊戲的特質，以致於擔憂計較休閒活動的表現，而不能享受休閒活動的過程；欠缺簡樸的心靈，以致於休閒活動成爲金錢消費的代名詞，如此，非但不能享受單純的休閒之樂，反而要爲休閒活動的經費而操心。基於以上的認識，有必要認淸並突破休閒的障礙，如此才能眞正地樂在休閒活動之中。

三、保持休閒的心境

除非你決定什麼都不做，否則一旦決定要從事某項休閒活動，你就閒不下來。你得爲那項休閒活動而準備或學習，接著你充滿了種種期望去參加，然後，你經歷了那項休閒活動，最後，你終於明白那項活動對你而言是不是休閒活動。沒有任何一項所謂的休閒活動必然會爲每個人帶來休閒的感受，因爲休閒活動也可能讓某些人產生失望甚至是挫折的感受，其之所以如此，往往是休閒活動的參與者沒有保持休閒之心境的緣故。休閒之心境是一種不刻意追求，甚至是有意忽視種種外在價値的心境，此一心境使人能專注於活動之中，並獲得活動參與的樂趣與意義，從而產生自由自在、悠然自得的休閒感受。因此，不論是參與何種休閒活動，首應具備的態度是保持休閒的心境，如此，你所參與的休閒活動才不致於變質。

四、維護休閒的倫理

自由是休閒的本質，休閒之所以珍貴是它提供了人自由選擇、自由參與，以及自由發展的機會，因此，每個人都應該是休閒的主人，每個人都應享有決定自己之休閒活動方式的自由，且此一休閒的自由不容許他人妄加干涉或評斷。然而，這是否眞的意味著休閒的自由，就是你愛做什麼就做什麼呢？答案顯然是不可能是眞的。休閒的自由如同其他的自由，仍應有其限制與規範，例如，不能因休閒而自殘身心、不能因休閒而破壞環境、不能因休閒而妨害他人，這些休閒的限制與規範，即是休閒的倫理。休閒活動的參與必須具備維護休閒之倫理的態度，如此，休閒之自由才不致於被扭曲，而休閒活動也才能成爲名符其實的休閒活動。

總之，休閒是生活中很珍貴的一部分，如果能珍惜休閒的時間，突破休閒的障礙，保持休閒的心境，維護休閒的倫理，那麼，透過種種休閒活動的參與，一定能從中領悟到生命的完整、尊嚴與甘美。

推薦進修書目

1. 林東泰著，《休閒教育與其宣導策略之研究》，臺北，師大書苑，民國八十一年。
2. 陳國寧等著，《生活與文化》，臺北：行政院文化建設委員會，民國七十五年。
3. 行政院文化建設委員會，《各縣市文化中心家庭日專輯》，民國七十八年。

習　題

呂啓民

一、選擇題

1.(　)休閒的本質爲何?①自由　②平等　③博愛　④民主。

2.(　)a自由自在的感受　b一種不刻意追求　c準備及學習的過程　d有意忽視種種外在價值　e自我實現並自立立人,上述關於「休閒心境」的敍述,何種組合是正確的?①abde　②ace　③abd　④abce。

3.(　)a活得自在的生存狀態　b一般不用工作的時間　c一種淸靜悠閒的心境　d從事休閒活動所得的休閒感受,關於休閒的定義何種組合最爲適切?①abc　②acd　③bcd　④abcd。

4.(　)「小明跟老師抱怨他不快樂的原因,是因爲喜歡打電動玩具並且表現很好,但沒有夠多的零用錢」,請問造成小明休閒上障礙的原因爲何?①缺乏休閒經費　②喪失遊戲特質　③缺乏自主精神　④久缺簡樸的心靈。

5.(　)「生病、失業、或退休而無法工作的人可能無法獲得休閒」,此一現象說明了那一項事實?①休閒是指一段不用工作的時間　②休閒在退休之後仍不可得　③生病、失業爲休閒的障礙　④休閒是由個人主觀意識來決定。

6.（　）下列對「休閒」的看法，何者較適切？①一段空暇的時間且不用工作　②清靜悠閒的心境與態度　③擁有時間並依照意願從事喜好之活動　④到高級娛樂場所消費。

7.（　）關於「休閒的目的」，下列何種說法是普遍存在的偏見？①使人的生活更愉悅更有意義　②領悟了生命的完整、尊嚴與甘美　③自我實現並擴充生活視野　④有效的充電使明日的工作更有效率。

8.（　）關於休閒的本質——自由的敍述，下列何者是「不」適切的？①個人可以自由運用的時間　②不加限制與不假計劃的活動　③免於急躁、緊張與焦慮的自由　④自由選擇與自由參與的活動。

9.（　）下列敍述，何者是正確的？①個人從事的活動愈多，其休閒品質就愈高　②休閒是爲了使日後工作更有效率　③漫無依歸或打發時間的活動仍可視爲休閒　④休閒無價值上好壞的問題但有需求層次的高低。

10.（　）a內省的沈思　b藝文的創作　c社會服務　d知識技能學習，上述各類型的休閒活動，何種組合屬於滿足超越自我的需求？①cd　②bcd　③abcd　④abc。

二、填充題

1. 休閒活動必須具備有自由選擇與＿＿＿＿的精神，才有意義。
2. 參與休閒活動，首應具備的態度是保持＿＿＿＿，方能避免使休閒活動變質。
3. 有意義的休閒活動是能滿足其需求或符合其＿＿＿＿的活動。
4. 人類在時間上所面臨的問題不在於時間的有無，而在於時間的＿＿＿＿。

5. 透過種種休閒活動的參與，我們可從中領悟到生命的尊嚴、＿＿＿＿與甘美。
6. 休閒最大的障礙是孤寂封閉的心靈和＿＿＿＿的生活態度。
7. ＿＿＿＿的生活理念以及自由遼闊的生活視野是休閒眞正的泉源。
8. 休閒的自由，仍應有其限制與規範，稱之爲＿＿＿＿。
9. 休閒活動不只是工作之餘的生活調劑以及生活境界的拓展，更要是生活意義的泉源，以及＿＿＿＿的基礎。
10. 最高等級的休閒活動是以內省的沈思、藝文的創作與＿＿＿＿爲主。

三、申論題

1. 簡述休閒的層次並說明其重要性。
2. 何謂休閒的障礙？其成因爲何？

活　動

腦力激盪——快意人生

吳美嬌

一、活動目標

1. 瞭解正當休閒活動對生活的意義。
2. 知道如何選擇正當休閒活動。

二、活動過程

1. 引起動機：教師舉實例說明休閒活動對每個人的意義。
2. 分組討論：將學生分成若干組，依課文內容討論出十項青年的休閒活動（可從體能性、學術性、娛樂性、藝術性、服務性等等方面思考）並書寫於海報紙上。
3. 分組報告：各組將討論結果呈現並說明其優缺點。
4. 全班討論：教師就各組之休閒種類歸納後，再讓全班補充發表。
5. 結束活動

(1)教師將所有討論結果整理補充。

(2)隨機抽點學生發表自己的休閒活動，並說明經過這次討論後，是否願意嘗試不同的休閒活動，理由爲何？

6. 休閒資訊提供：教師推薦休閒媒體訊息供學生參考。

第五章　崇高理想

林火旺

第一節　現實與理想

所謂「理想」必然具有利他主義的成分，不論高遠如聖賢之「先天下之憂而憂」，或是「爲天地立心，爲生民立命，爲往聖繼絕學，爲萬世開太平」，甚至平實如「助人爲快樂之本」，任何理想都是希望透過自己的努力，爲他人除危濟困，創造一個安和樂利的生活環境。

一、理想與現實相對

理想常常和現實相對，面對現實社會種種情境，懷有理想的人往往被認爲不切實際，理想好像永遠只是年少輕狂的一個無法實現的夢。在一般人心目中，似乎只有在少不更事的時候，才會具有理想主義的浪漫色彩，一旦等到長大成人步入了社會，任何理想在現實的壓力下，都會消失於無形，所以理想似乎和不成熟可以劃上等號。一個成功立業、心智成熟的人，絕對不會空談理想。

二、理想無法在現實中實現的原因

這種想法相當普遍，因爲它接近眞實，事實上幾乎每一個人年輕的時候，都會或多或少編織一個理想的未來，可是最後往往會向現實環境妥協。爲什麼年輕時代理想主義的夢，無法在現實的考驗下持續？是不是理想永遠敵不過現實的挑戰？理想之所以會隨著年歲的成長、涉世的深淺而褪色，可以從兩方面來理解：

1. 對社會的實際處境缺乏認知，因此所建構的理想和現實完全脫節，使得實際面對人世時，此一理想根本就缺乏可實現性，其實這樣的理想只能稱之爲「幻想」。

2. 由於追求理想的熱情是人性的一部分，因此有些人就利用這個人類普遍熱愛理想的特性，達成個人爭名逐利的手段，使得人們因此認定大多數人口中的理想，實際上只是促成個人利益的美麗謊言。尤其年幼純眞的心靈最容易被理想主義所吸引，可是一旦他們發現成人世界的眞實面貌之後，他們不但會對理想失去興趣，而且會更進一步懷疑所有理想的眞誠度，認爲理想只是利用良善心靈的一個騙局。

第二節　理想和幻想

一、理想應該是可實現的目標

每一個人都會期待一個理想人生，而一個合理、適當的人生理想應該是一個可以慢慢趨近的目標，而不是一個永遠可望不可及的海市蜃樓，如果一個人追求海市蜃樓式的人生目標，他註定會因這樣的目標在現實生活中難以實現，造成長期的挫折和失望，最後可能因此而否定所有的人生理想和生命價值。其實這並不是由於所有的理想都只是騙人的口號，而是由於他把幻想當成理想，而人之所以會以幻想爲理想，就是因爲他沒有體悟到人類存在的現實處境。所以面對人類的現實處境，可以使人徹底的認清：「什麼樣的幸福人生是人可以追求的？」

二、針對自我性質尋找適合的理想

由於每一個人天生的資質不盡相同，所以適合於別人追求的生活方式，並不一定適合於自己，有人認爲蛋糕、巧克力簡直是人間美味，有人卻興趣缺缺；有人喜歡看電影，有人卻寧願在家看電視；有人熱衷於登山健行，有人卻認爲過於單調無聊；有人喜歡獨享寧靜，有人卻覺得沒有呼朋引伴、嬉笑喧嘩的日子簡直是人生乏味；有人具有藝術天分，有人則有數理長才；有人談吐幽默，有人則語言無味……因此由於人的差異性，每一個個人應該針對自己的獨特本質，尋找最適合自己的一套生活方式和生命理想。如果一個人對自我的特質缺乏瞭解，往往會隨波逐流，以社會大多數人的價值目標作爲自己追求的方向，其結果不是因爲自己能力不足而自慚，就是發現自己其實並不適合這樣的生活方式，而自悔浪費無謂的青春歲月。

以大學聯考爲例，大部分的高中生在參加大學聯考時，都以「熱門科系」作爲第一志願，「熱門科系」說穿了就是一般人認爲比較容易賺錢的學系。但是其實並不是每一個人都適合讀熱門科系，數理能力不佳的人不可能讀好電腦；推理和表達能力不強也不適合唸法律。即使一個人的智力足以考上熱門的第一志願，也不代表他的心性可以把這個行業當成終生志業，一個生性膽小的人如何天天操手術刀？雖然我們會羨慕醫生這個職業收入豐厚，但是如果自己的資質不合，不是沒有能力考上醫學系，就是考上了也會發現自己根本無法以行醫過一生。所以大多數人所追求的生活方式並不一定適合自己，人如果缺乏自知之明，終會怨天尤人或自怨自艾，抱憾光陰虛度。

三、爲自己獨特的個體確立最適合的理想

其實考不上熱門科系、不能賺很多錢，並不代表生命就比較沒有價值，李遠哲先生一定是非常用功，才能得到諾貝爾獎，但是如果他生下來智商只有九十，不論他再努力，恐怕連大學都考不上。如果智商九十的人以諾貝爾獎作爲自己奮鬥的目標，他當然註定要失敗；如果一個人生來就其貌不揚，卻執意要參加選美，必然是自取其辱。但是難道一個人生來智商低於九十，生命註定就比較沒價值？如果生來不夠亮麗就必然低人一等？事實並非如此，古今中外的歷史中記載多

少可歌可泣的感人事蹟，故事的主角並不是必然是聰明或美麗。孝行感人的老萊子、正氣磅礴的文天祥、死守四行倉庫的八百壯士、仁慈的護士南丁格爾，我們都會被他們的故事所感動，但是我們在感動之餘，何曾考慮過他們是美麗還是醜陋？聰明還是愚笨？一個人如果具有得諾貝爾獎的天賦，卻整日遊手好閒、不務正業，辜負了自己優異的稟賦，他比一個智商只有九十、卻認眞負責的清道夫還不值得人們尊敬。一個聰明卻邪惡的人，可能對社會人類造成極大的傷害和威脅；而一個資質魯鈍卻心地慈善的人，對於他周遭的所有人都有如和風煦日。所以生命要活得有意義，並不是人人都應該追求世俗的頭角崢嶸、功成名就，而是要爲自己獨特的個體確立一個最適合的生命目標和理想。

總之，笨人有適合笨人的生活方式，醜人有適合醜人的價值理想，每一個人只要能盡心盡性地發揮自己的特點，不論從事任何行業、擔任任何職務，都可能成爲他人景仰和尊敬的對象。反之，如果一個人追求自己能力所不能及之目標，他所追求的對象對他而言就是幻想而不是理想，其失敗和失望是必然的。從這個角度觀之，理想無所謂高下之別，由於任何理想都是基於利他的動機，所以懷有理想就是具有高貴的心靈，任何理想的踐履者都値得尊敬。就像職業無貴賤，只要盡心盡力，任何正當行業對社會的貢獻都一樣重要；理想也無高低，只要選擇適合於自己追求的理想，全力以赴，任何人都可以頂天立地，與聖人同光。

第三節　有意義的人生　不能沒有理想

一、青年人富有理想

曾經篤信共產主義、後來脫離共產黨組織的英國人海德（Douglas Hyde），他寫了一本書描述共產黨何以能在二十世紀竄起，而且以相當快的速度成爲世界上流行的政治主張，吸引了成千上萬的青年人獻身於共產主義運動的原因。他以自己的親身體驗，認爲共產主義之所以能吸引年輕人，就是因爲年輕人最富有理想，共產黨就是直接喚起他們的理想主義情懷。換句話說，共產黨就是成功的激發和運用青年人的理想主義。所以海德指出，在一個共產主義還沒有得到政權的地區，共產黨員最大的共同特徵就是他們對共產運動的熱忱、奉獻和專注，以及心甘情願的犧牲

圖五　人生以服務爲目的

精神，共產黨讓青年人相信共產主義是拯救人類、改變世界的不二法門，使得青年人爲了這一個崇高理想，願意受盡各種折磨和屈辱。當然在海德的心目中，共產黨是成功地利用人類良善的本質，以實現一個錯誤的目標。

二、理想使人積極進取

海德確實在其共產黨員的二十年中，發現理想主義所呈現的驚人力量。事實上如果一個人心中滿懷理想，可以使他活得積極進取，即使是橫逆當前，也會想盡各種辦法排除萬難。因爲有了理想，就像是一隻找到獵物的獅子，全神貫注、全心投入，全身充滿了衝力和定向，必然是勇往直前、全力以赴、義無反顧。相反的，如果一個人沒有任何理想，一定活得懶懶散散、意志消沈，不知人生有何意義、生命有何方向，生活有如行屍走肉，活著好像只是在等待死神的降臨。理想主義其實是生命力奔騰不絕的活水源頭，理想主義也使得人世間可以令人陶醉、眷戀和歌頌；缺乏理想，人生不可能會有意義。

三、理想使人享有幸福美好的人生

也許有人會認爲：「理想又不能當飯吃，人生在世不過是及時行樂，重視現實的人才會左右逢源、如魚得水，只有愚者才會高喊理想，理想主義永遠吃虧」。其實如果生命的意義就是追求有形的功名利祿，那麼最好的行爲策略就是採用現實主義，從事任何行爲時，最根本的考慮是：這樣做是否對自己有利？理想主義常常會要求個人自我犧牲，所以從實利的角度來看，當然是愚笨的行爲。可是人活著眞的只爲了功名利祿？生命的意義只是追求豐富的物質享受？人眞的可以只顧自己的利益而完全無視於他人的憂喜禍福？事實上不然，人其實最在乎的是來自於他人眞正的尊敬、關懷和愛，而一個人要能得到他人眞心的關懷和愛，他一定不可能是一個自私自利的人。事實上一個完全以現實角度對待人生的人，一定得不到別人完全的信任和眞誠的關心，因爲任何一個理性人都知道，自己隨時可能被這樣的人出賣。所以要得到另一個人衷心的信任和毫無保留的關懷，必然要具有一些理想主義的特質，否則活在一個完全以現實利害交往的社會，每一個人都必須活得提心吊膽，根本就不可能享有幸福美好的人生。

四、理想對普遍人性具有吸引力

就是因爲理想主義對普遍人性具有極大吸引力，所以自古以來無數的野心政客、改革者，以及充滿人道關懷的慈善家，都同樣透過理想主義激勵人心、凝聚群眾，以實現其追求的目標。有些人自己就是理想主義者，所以很容易以理想結合群眾，做出一番留名青史、傳頌不絕的不朽盛業，孫中山先生就是最佳例證；更多人則是利用理想主義，欺騙純眞的心靈，以遂其私利。尤其在當代民主社會中，政治權力是由選舉取得，於是所有有心於政治職位者，都會以理想主義的口號爭取選民的認同，但是並不是所有的公職候選人都是眞正的理想主義者，儘管每一個參政者都宣稱自己是要爲人民服務，但是其中大多數人不是爲名、就是爲利，因此理想主義在民主社會中，成爲最常被推銷的商品，所以使得人們難以區分眞假，反而因此認爲所有的理想主義都是「名利」

最美麗的外衣，是政客慣用的伎倆。

五、理想使人生逆境中重現生機

其實儘管人類社會因經濟發展而重視實利，理想主義的情懷仍然會令人悸動，每一個人不論在日常生活中多麼現實，其內心深處依舊會渴求理想、嚮往理想。理想主義可以爲不完美社會編織一個夢，使人們對不如意的現實生活重燃一線希望；理想主義可以強化人們的心靈武裝，使人們更有能力忍受人世間的挫折和打擊，在逆境中重現生機。

第四節　理想的實現

一、即時實現

但是一般人通常會認爲，任何理想都很難實現，所以人有理想固然很好，可是由於理想不易達成，最後還不是淪爲口號？事實上理想之所以無法實現，除了因爲有些時候人自不量力，把幻想當成理想之外，就是由於我們對如何實現理想產生一個嚴重的誤解。懷有理想的人大都會做如下的自我期許：將來有了成就以後要如何如何，他們的錯誤就在於：以爲要有了成就以後才能如何如何。要什麼樣的成就？當了臺北市長？還是賺了幾十億？難道只有等到有權、有利以後才能實現理想？事實上就是因爲每一個人都在等待飛黃騰達的一刻才要實現理想，所以理想永遠不會到來。更具諷刺的是，有些人不斷向現實妥協，以爭取更有力的權勢，他以爲只有這樣做，才能實現更高的理想，事實上當了議員想當議長，當了議長想當縣長，當了縣長想進中央，一個手段接著一個手段，至於他原先所要實現的目的，不是被推到無限多的手段之後，就是已經被遺忘。理想常常就是這樣被自己丟棄，不是理想註定要被現實呑噬，而是因爲我們根本就先接受現實，以爲可以因此達成理想，就像那些用不民主的手法，卻聲稱這是達成民主的唯一手段一樣，理想永遠是鏡花水月。

二、隨時實現

「理想」並不是擺在遠處的一個遙不可及的目標，而是生命存在的每一個時刻都可以去實現的事，譬如：以「關心人類、服務社會」做爲個人的理想，這個理想要付諸實現，並不是要等到當了大官或賺了大錢，事實上日常生活中，隨時可以實現關心他人、服務社會的理想：看到公園裡一團髒亂，隨手撿起身邊的紙屑；碰到一位殘疾之人正顫危危地通過交通繁忙的路口，上前扶他一把，護送他過馬路；知道朋友有急難，正好對自己而言只是舉手之勞，自告奮勇地前往幫忙……這些日常生活中俯拾即是的例子，隨時都可以實現理想。事實上並不是只有驚天動地的義行或造福廣土眾民的善行，才算是理想的實現，如果一個人唯有舉世皆知、萬民稱道的事端才願意去做，則他所在乎的並不是「他做了善事」，而是「大家都知道他做了善事」。其實任何一個令人津津樂道的英雄豪傑，並不是他一生只做了一件有益世道人心的大事，一個人必然是平日爲人處世，就具有俠義心腸、樂善好施，才可能在重大的時刻中，展現其英雄豪傑的風骨和氣度，所以是時勢造英雄，也是英雄造時勢。

三、熱誠善良的實現

要實現理想不一定要擁有龐大的資財，也不必要身居要津，最重要的是要擁有熱誠善良的心。一個人如果只有能力造福一人，就爲一人服務；能使千人受益，就應該以服務千人作爲努力的目標。一個只能造福一人的人，只要他盡心盡力爲一人服務，比有能力造福千人，卻只爲自己利益打算的人，更値得人們尊敬。至於理想的實踐，其實可以在生活中每一個跨出去的腳步中完成，換句話說，生活中的每一刻都可以實踐理想，周遭的每一件事物都可能是實踐理想的對象。因爲沒有人能確定自己下一刻是不是活著，現在這一刻並不是過渡到下一刻的一個過程或手段，生命的每一個時刻都是一個完成，都是目的。因此只要是存在的任何一刻，都可以是理想的完成，只要人世間一直存有苦難和悲愁，我們就應該永遠保有奉獻愛心、濟世淑人的深悲宏願；只要我們擁有這份不忍人之心，不必等待功成名就，掌握任何可以付出愛心的機會，就是理想的實現。

推薦進修書目

1. 鄔昆如等著，《人生哲學》，臺北：國立空中大學，民國七十六年。

2. 羅家倫著，《新人生觀》，臺北：業強出版社，民國八十年。

習題

呂啓民

一、選擇題

1.(　)人之所以會以幻想爲理想而造成長期的挫折和失望其原因爲何？①所有的理想，只是騙人的口號　②未體悟存在的現實處境　③天將降大任於斯人也　④未能貫徹始終。

2.(　)共產主義何以能在二十世紀竄起，而且以相當快的速度成爲世界上最流行的政治主張，其最主要原因爲何？①能解決民生問題　②能防止資本主義的流弊　③能吸引富理想主義的青年　④能解決社會上之衝突。

3.(　)張三從事任何行爲時，最根本的考慮是：「這樣做是否對我有利」請問張三顯然可歸類於下列何者？①現實主義者　②理想主義者　③存在主義者　④無政府主義者。

4.(　)下列何者行爲值得人們尊敬？①擁有諾貝爾獎的天賦，終日遊手好閒　②其貌不揚卻執意參加選美　③智商九十是個認眞負責的清道夫　④生性聰明，最後順利的考取律師。

5.(　)下列何者是正確的敍述？①理想是擺在遠處的一個遙不可及的目標　②理想是生命存在的每一個時刻都可以去實現的事　③有意義的人生可以沒有理想　④理想的實現需要擁有龐大的資財或身

居要津。

6.（　）實現理想所需具備的必要條件爲何？①龐大的資財　②身居要津　③熱誠善良的心　④功成名就。

7.（　）實現理想的適當時機爲何？①功成名就後　②身居要津時　③生活中的每一刻　④家財萬貫後。

8.（　）人類社會重視實利的原因爲何？①經濟的發展　②人性的本能　③政府的倡導　④社會的潮流。

9.（　）a是一個隨時皆可實現的目標　b具有利己主義的成分　c是一個可以慢慢趨近的目標　d是一個遙不可及的夢想，上述對於「適度的人生理想」的敍述何種組合是正確的？①a b　②b c　③c d　④a c。

10.（　）「張三智商只有八十，而以得諾貝爾獎爲目標」，請問說明了張三的何種特質？①把幻想當成理想　②認識自我的特質　③把握機會及時努力　④胸懷鴻鵠之志。

二、填充題

1. 理想必然具有______成分，並透過自己的努力，爲他人除危濟困，創造一個安和樂利的生活環境。
2. 當理想缺乏可實現性，完全與現實脫節，此時理想只能稱之爲______。
3. 如果生命的意義就是追求有形的功名利祿，那麼最好的行爲策略就是採用______。
4. 實現理想不一定要擁有龐大的資財也不必要身居要津，最重要的是要擁有______。
5. 一個人對______缺乏瞭解，往往會隨波逐流，而錯把幻想當成理想來實現。

6.生命要活得有意義，就要爲自己獨特的個體確立一個最適合的______和理想。

7.共產黨成功地利用______，以實現一個錯誤的目標。

8.理想主義具有利他的動機，所以常常會要求人作______。

9.充滿人道關懷的慈善家，都同樣透過理想主義激勵人心、______，以實現其追求的目標。

10.現在這一刻不是過渡到下一刻的一個過程或手段，生命的每一刻都是一個完成，都是______。

三、申論題

1.有人會認爲：「理想又不能當飯吃，人生在世不過是及時行樂，重視現實的人才會左右逢源、如魚得水，只有愚者才會高喊理想，理想主義永遠吃虧」您的看法呢？試抒己見。

2.試述如何將理想加以實現？

活　動

關懷系列——爲天地立心，爲生民立命

吳美嬌

一、活動目標

激勵關懷生命的意念。

二、活動過程

1. 課前準備

(1)教師將學生依下列活動分成若干組

①飢餓三十活動。

②慈濟功德會。

③骨髓、器官捐贈。

④世界展望會助養活動。

⑤紅十字會。

⑥獅子會、扶輪社……。

⑦保眼愛盲鉛筆、原子筆義賣。

⑧陶聲洋防癌基金會,董氏基金會……。

⑨其他。

(2)每組蒐集活動書面資料或機構性質(如:活動或組織目標、辦理方式、成員、服務項目或對象、經費來源等等)。

2. 採訪報告:每組就蒐集資料報告。

3. 全班討論:每人對各組報告內容可提出疑難問題,請該組或教師解答。

4. 教師歸納講評並補充,以激發學生服務他人意願。

公民實踐活動㈠

討論會——現代青年的人生觀

韓青菊

一、活動目標

1. 瞭解人生觀的涵義。
2. 認識青年應有的人生觀。
3. 建立正確的人生觀，邁向成功理想的人生。
4. 增進表達意見的能力，並熟悉分組討論的程序。

二、活動時間

1. 正式活動時間爲五十分鐘。
2. 準備工作，利用課餘時間進行。

三、活動方式

1.分組討論。
2.分組報告。
3.全班討論。
4.主席結論。

四、活動過程

1.教師宣布舉行討論會活動，並說明討論的主題。
2.教師指導學生進行下列準備工作：
(1)決定討論會的時間和地點。
(2)決定分組方式與名單（每組十～十五人爲宜）。
(3)研討分組討論題綱。
(4)推舉各組小組長及紀錄。
(5)推舉討論會的主席與紀錄。
(6)準備會議紀錄簿與發言條。
(7)教師指導學生，分別蒐集有關資料。
3.進行分組討論
(1)主席宣布開會，說明會議程序。

⑵各組至分配的會場進行分組討論，討論題綱如下：

①人生觀的涵義。

②現代青年應有的人生觀：

奮鬥的人生觀。

創造的人生觀。

服務的人生觀。

樂觀進取的人生觀。

③如何建立正確的人生觀。

⑶各組回到綜合討論會場。

⑷各組報告。

⑸全班討論。

⑹主席結論。

⑺教師講評。

五、注意事項

1. 分組討論時，同學們應把握重點，踴躍發言，發言後將發言大綱交給主席。

2. 每位同學以發言一次爲原則，每次發言應不超過五分鐘。

3.擔任小組報告同學，應歸納本組討論要點，扼要提出報告。
4.綜合討論時，同學應專心聆聽其他各組的報告。
5.分組討論及綜合討論時，各組小組長及主席應控制時間，並維持全場秩序。
6.擔任紀錄同學可用錄音機錄音，俾便紀錄完整。
7.各組發言結論，經彙整後，送請教師審閱並張貼於班級壁報或於校刊中發表。

六、參考書目

1.羅家倫，《新人生觀》，臺北：業強出版社，民國八十年。
2.汪少倫，《人生幸福之路》，自刊，民國六十八年十二月再版。
3.吳靜吉，《青年的四個大夢》，遠流出版公司，民國八十三年二月三版。

第三篇　民主法治

第一章　群己關係

龐建國

國父孫中山先生曾經說過：「政治兩個字的意思，淺而言之，政就是眾人的事，治就是管理，管理眾人的事便是政治」❶。

所以，如果我們想要瞭解政治，尤其是民主法治的基本道理，就要從「眾人之事」談起。而在「眾人之事」當中，群己關係又是最基本的課題之一，因此，我們先從群己關係來說明民主法治的意涵。

第一節　分工合作使文明進展

❶ 這是國父孫中山先生在他闡述三民主義的演講中，講到〈民權主義第一講〉時，開宗明義所提到的一段說法，參閱中國國民黨中央黨史委員會編，《國父全集》第一冊，臺北：中央文物供應社，民國七十三年八月四版，壹——第五一頁。

一、分工合作使人類有高的效率和好的品質

人是群居的動物，在群居的生活型態中，人們透過分工合作和互補有無，得以不斷促進文明進步，讓彼此可以過越來越好的生活。

試想，人類社會如果沒有大規模的群居生活，同時，大家在群居生活中分別從事各種行業，然後各自把自己生產或服務的成果貢獻出來，彼此互通有無，而是每個家庭或小部落獨自生存，大家老死不相往來，我們絕對不會有今天的文明進展和生活享受。

因爲，在各個家庭或部落獨自生存，不相往來的情況下，每個家庭或部落都必須靠自己來供應各式各樣的生活所需，於是，很難有高的效率和好的品質。而在大規模群居，分工精細的狀況下，每個人對於本身的職責都能夠純熟精練，再彼此交換生產或服務的成果，則相互之間都會享受到較高效率和較好品質的生活供應。

比如說，在分工和交換很粗糙和稀少的社會裡，一個家庭主婦必須同時承擔紡紗織布、撿拾柴火、洗衣做飯和哺育嬰兒等等家務工作；而在分工精細、交換頻繁的社會裡，卻可能是由紡織工廠、瓦斯公司、洗衣店、托兒所和幼稚園等等公司行號、商場店家和組織團體，來供應這些原先都要靠一個家庭主婦來承擔的職責。

以上的說明告訴我們，分工精細的大規模群居生活，的確是比分工粗糙的小部落生活，更能有效率和高品質地供應人類的各種生活所需的。

二、分工合作使人類互動關係頻繁

不過，隨著群居規模日益擴大和分工日趨精細，人類社會中人們的互動也變得越來越複雜，於是，怎麼樣處理人與人之間的互動，特別是個人和群體之間的關係，就成了人類社會無法逃避的一個大問題。

人類並不是生物界唯一群居的種屬。有些昆蟲，像螞蟻和蜜蜂，以及有些動物，像大象、野牛、猴子等等，也會過群居的生活，可是，在牠們的社會裡，個體的行動大多受到本能的驅使，按照一定的規則來進行，不會有什麼變化，所以，無論是個體和個體之間的互動，或者是個體和群體之間的關係，都相當簡單。

相對而言，人類社會就大不相同了。有一句話說：「人心不同，各如其面」，意思是每一個生存在這個世界上的人，都會有自己的利益和想法，而這些利益和想法，經常是因人而異，彼此不同的。

第二節　群己關係的處理

在人們彼此之間會有不同的利益和想法的狀況下，難免就會有因爲利益分配或者想法對立而產生的衝突糾紛。這種衝突糾紛不僅存在於個人和個人之間，也會存在於個人和群體之間。

於是，在個人和群體之間關係的處理上，就出現了不同的看法。以最簡單的方式來闡述，對於群己關係的看法，大致上有兩派的主張，一派比較重視個體的需求與個性的發揮，而形成了「個人主義」，或稱「個體主義」；另外一派比較重視團體的目標和集體的紀律，則形成了「集體主義」，或稱「群體主義」❷。

一、重視個體需求與個性發揮

在人類社會政治制度的發展過程中，個人主義和集體主義曾經被視為兩種對立的看法。因為，早期的時候，個人主義所強調的是，個人才是最高的價值，社會或國家只是用來滿足個人需求或目的的一種手段，所以，集體的紀律不能壓抑個人的需求。而集體主義則強調，個人必須依附於集體才能生存發展，所以，集體的利益或需求才是目的，個人必須遵從集體的紀律。

二、重視團體目標和集體紀律

很明顯的，這兩種看法如果趨於極端的話，個人主義很容易流為只顧自己不顧別人的「自私主義」，或者不願意接受任何法紀約束的「無政府主義」；集體主義則很容易變成抹殺個性的一體化思想，或者嚴酷專制的「極權主義」。也因此，在處理人類社會的群己關係時，這兩種主張經常

---

❷ 個體主義，也可以譯為個人主義，是英文 Individualism 的中譯。集體主義，或譯為群體主義，是英文 Collectivism 的中譯。

針鋒相對，互不相讓。

三、有紀律的民主和有秩序的自由

不過，隨著人們對於群居生活的複雜性和相互依賴性有了較深的體驗和較多的瞭解，也經由許多思想家不斷的探討摸索，這兩種思想之間的衝突對立，已經有了相當程度的折衷融合。比如說，個人主義的意涵已經由「從限制中解脫」，轉變成了「經由社會參與來實現自我」❸。而在自由民主思潮日益普及的狀況下，專制極權傾向的集體主義思想，也被大多數人所唾棄。於是，一種強調有紀律的民主和有秩序的自由的中道思想，逐漸成爲人類社會談論群己關係時，主流的看法。

換句話說，在群己關係的處理上，比較恰當的態度應該是，在肯定個人基本需求和追尋個人最大自由的同時，個人的需求和自由，必須不妨害他人的基本需求和自由，也不得違背群體中大多數人的共同利益與團體目標。

那麼，在人類社會中，要如何達到這種境界呢？

❸ 參閱《大美百科全書》第十五冊，〈個人主義〉，臺北：光復書局，民國七十九年，第四八頁。

第三節 良好群己關係的達成

過去，在自由民主的思潮還沒有普及，憲政民主的體制還沒有落實之前，想要調和個人需求和羣體利益之間的衝突，的確相當困難。不過，隨著人類社會的進步和民主政治的開展，人們已經逐漸確立了一些解決人們相互之間，以及個人和群體之間，彼此看法或利益有差異與衝突的法則。其中最重要的辦法之一，就是「少數服從多數，多數尊重少數」這個基本原則。

一、少數服從多數

所謂「少數服從多數」，就是當任何公共的事務或者議題，不同的人有不同意見的時候，以多數人的意見爲準。居於少數的一方，應該接受多數人的主張，遵從多數人所做出來的決定，不可

圖六　建立良好的群己關係

以堅持本身的看法，故意不與多數人合作。

二、多數尊重少數

所謂「多數尊重少數」，則是在少數的一方遵從多數人決定的同時，多數的一方不可以藉機剝奪少數一方應該享有的合法權利，並且應該保障少數的一方表達不同意見的自由，讓少數的一方保有說服他人、變成多數的機會。

三、表決和投票

至於決定「多數」和「少數」的辦法，最常見的，就是表決和投票。在一般場合裡，我們可以用舉手、起立、或者鼓掌等等辦法，來顯示人們對於某項公共事務贊成或反對的態度，以及不同意見者人數的多寡。同時，我們也可以透過投票的方式，選出多數人支持的人選或者政黨，來擔任某個職務或者執掌政權。

四、權利相等

在民主政治中，每個參與表決或投票的人，他們對於結果的影響分量，基本上都是一樣的。換句話說，不論男女、老少、貧富、貴賤，每個參與表決或投票的人，都是一個權利相等的個體，沒有人可以比別人多算一隻手，或多算一張票。事實上，人人平等、票票等值，正是民主政治的基本原則之一。

五、公私分際

那麼，這種人人平等、票票等值的原則，和我們講究敬老尊賢、長幼尊卑的文化傳統，是否會扞格不入、相互衝突呢？這就牽涉到我們是否能夠適當地區分「公」和「私」的分際了。國父孫中山先生曾經指出，中國人的家族和宗族觀念很強烈，國家和民族的意識卻相對缺乏❹。同時，有人認為，在中國的傳統社會裡，人與人之間的互動或社會倫理關係，基本上呈現出一種講究親疏遠近的特色，喜歡以個人和家族為核心，向外一層層地推衍出各種不同親疏程度的人際關係與社會倫理❺。

六、社會倫理

的確，拿中國人的社會倫常和西方社會來做比較，我們會發現，中國人相對而言確實比較強調家庭或家族的重要性，同時，也比較重視人際關係的長幼尊卑、內外親疏。

例如，以親屬的稱謂來說，中國人就創造了比其他社會要繁多、細緻的詞彙，來標明一個人在家族親人中的身分地位。好比說，家庭裡面同一輩的孩子中，男性年長的我們稱之為「哥哥」，年幼的我們稱之為「弟弟」；女性年長的我們叫做「姊姊」，年幼的我們叫做「妹妹」。可是，在英文裡，不管是兄或是弟，通通稱之為 Brother；不論是姊還是妹，通通稱之為 Sister。另外，父系

❹ 參閱中國國民黨中央黨史會編，《國父全集》第一冊，壹—第二頁。

❺ 費孝通把這種人際關係和社會倫理的建構方式，稱之為「差序格局」，參閱費孝通，《鄉土中國》，上海：觀察社，民國三十六年。

的同輩中，我們會有堂兄、堂弟、堂姊、堂妹，母系的同輩中，我們會有表哥、表弟、表姊、表妹，然而，在英文中，全部都叫做 Cousin。

七、重視個人與群體的互動

這種強調家族的重要性，並且重視長幼尊卑、內外親疏的文化特色，對於維持社會的安定，有不可抹殺的正面作用。不過，如果不適當地掌握其間的公私分際，過度地將它推廣到公共事務上去的話，我們就很容易會在處理群己關係時，把著眼點侷限在家族和宗族的範圍，或者只及於家人、親戚、和朋友的層面，而忽略掉了個人與國家，以及個人與不相識的大眾，彼此互動的這個重要面向。

八、關懷與參與公共事務

所以，曾經有人批評說，在我們中國人的社會裡，「人情味」固然很濃郁，「公德心」卻相當不足。在這種情況下，我們一方面對於家族事務範圍之外的公共事務的關懷和參與，顯得不夠積極；另一方面，則可能會把原先應該屬於私人範圍的人際互動法則，運用到了公共部門裡，而造成公私不分，或以私害公的現象。

比如說，我們在日常處理公共事務的過程中，就經常會見到講人情、套關係的現象，對於認識的人，我們往往會給予特別的照顧、優待，甚至於違規地給予通融或包庇。像原先應該按照順序排隊的，卻讓熟人插隊；不應該開放的，對熟人開放；應該懲處的，卻讓熟人可以逃過一罰。

然而，對於不認識的人，我們就往往態度冷淡，甚至於故意刁難。

九、人人平等，一視同仁

這種愛講彼此關係的長幼尊卑、親疏遠近，甚至於把它運用到公共事務上去的作法，並不是一個現代化的社會應該出現的現象，同時，也不利於民主政治的確立。因爲，民主政治講究的是法治，要求的是法律之前人人平等，在公共事務的處理上，必須不分長幼尊卑、親疏遠近，全部一視同仁。不可以碰到沾親帶故或熟識的人，就不按規定地給予特殊優待，而非親非故或不認識的一般大眾，才公事公辦，甚至於故意刁難。

我們必須承認的是，儘管和傳統中國社會比較起來，近年來臺灣地區的情形已經有了相當程度的改善，不過，到目前爲止，我們的社會還未能令人滿意地去除掉前述公私不分，甚至於以私害公的缺失。同時，對於家族事務範圍之外的公共事務的關懷和參與，也仍然顯得不足，有待加強。

第四節　群己關係的建立

所以，近年來有人提倡在中國人傳統的五倫關係，也就是君臣、父子、兄弟、夫婦、朋友這五種人與人之間的關係之外，再加上「第六倫」——「群己」，以建立一個更完整的社會倫理架構。

這項主張，的確值得我們重視。

一、第六倫的建立

在五倫關係中，父子、兄弟、夫婦、和朋友這四種倫常關係，主要是私人情感範圍內的人際互動項目，比較不直接牽涉到做爲一個國家或社會的公民，應該有的認識和作法。至於君臣這個項目，以現代的意義來詮釋，應該理解爲國家與個人或者長官與部屬的關係。它涵蓋了群己關係的一部分，但是並未處理個人與社會中的各種團體，或者個人與社會大眾之間，彼此的互動。而有如我們前面提到過的，對於公共事務的關懷和參與不足，正是我們傳統的社會倫理價值體系中，最需要補強的部分。所以，把群己這一項倫常關係加入傳統的五倫架構中，確實有其必要。

二、發揮公德心

那麼，在群己這一倫中，我們最需要掌握的行爲準則是什麼呢？基本上，就是要適度掌握公和私之間的分際，不以私害公，並積極地發揮公德心。

今天，在我們的社會裡，有許許多多的問題，像法治不上軌道、環境汙染髒亂、公共設施毀損率大等等，都肇因於公私之間缺少分際和公德心不夠彰顯，我們要想做一個現代民主法治社會的好公民，當然就應該在掌握公私分際和發揮公德心上多多著力。

我們相信，當一個國家或社會裡的公民，大多數都能認知到個人不能獨立於群體之外而生存，瞭解到公私分際和公德心在群體生活中的重要性，並能實踐力行之時，這個國家或社會必定是健康進步的。

推薦進修書目

1. 李黛蒂等譯，《青年同輩團體輔導計畫》，臺北：大洋出版社，民國六十九年。
2. 丁庭宇等著，《蛻變中的新一代》，臺北：四季出版社，民國六十七年。
3. 呂民璿著，《青少年社會參與及社會適應》，臺北：巨流圖書公司，民國七十九年十二月。

習　題

呂啓民

一、選擇題

1.（　）下列何者有礙於民主政治的確立？①一視同仁　②講究內外親疏　③多數尊重少數　④少數服從多數。

2.（　）個人主義的新意涵爲何？①個人才是最高的價值　②從限制中解脫　③國家是滿足個人的手段　④經由社會參與來實現自我。

3.（　）對除人類以外的群居動物的行爲特徵的敍述，下列何者是正確的？①無一定的規則可循　②大多

受本能的驅使　③個體與個體的互動頻繁　④個體與團體間的關係複雜。

4.(　)下列對人類群居生活的敍述何者是正確的？①大多受本能驅使　②複雜而相互依賴　③互動模式簡單　④個人與群體的關係簡單。

5.(　)a少數服從多數　b數人頭　c多數尊重少數　d打破人頭，上述所列，何種組合是解決個體與群體衝突的法則？①bcd　②acd　③abd　④abc。

6.(　)在群己這一倫中，我們最需要掌握的行爲準則爲何？①以私害公　②重視長幼尊卑　③積極發揮公德心　④講究內外親疏。

7.(　)下列敍述何者是正確的？①個人能獨立於群體之外而生存　②個人對多數所作之決定可採不合作態度　③每個參與表決或投票的人，都是一個權利相等的個體　④國家只是用來滿足個人需求或目的的一種手段。

8.(　)下列何者行爲是掌握了公私分際的表現？①講人情　②套關係　③講究親疏遠近　④一視同仁。

9.(　)五倫中的「君臣」一倫，其現代意義爲何？①國家與個人　②總統與個人　③校長與個人　④縣長與個人。

10.(　)下列對於「集體主義」的敍述何者是正確的？①容易流於「自私主義」　②容易流於「無政府主義」　③容易流於「極權主義」　④注重「思想多元化」。

二、塡充題

1. 人類大規模的群居生活並透過＿＿＿和互補有無得以促進文明進步。
2. 決定「多數」和「少數」的辦法，最常見的是表決和＿＿＿。
3. 每個參與表決或投票的人，都是一個權利相等的個體；此人人平等、＿＿＿，爲民主政治的基本原則。
4. 中國人的傳統社會倫理觀，基本上呈現出一種＿＿＿的特色。
5. 個人主義的意涵已經由「從限制中解脫」，轉變成了「經由＿＿＿來實現自我」。
6. 極端的集體主義容易變成抹殺個人的一體化思想及嚴酷專制的＿＿＿。
7. 談論群己關係之主流看法：一種強調有紀律的民主和有＿＿＿的自由的中道思想。
8. 過分的個人主義容易演變爲自私主義及＿＿＿。
9. 將原先應屬於私人範圍的人際互動法則運用到公共部門裡，會造成公私不分或＿＿＿的現象。
10. 所謂的「第六倫」是指社會倫理架構中的＿＿＿關係。

三、申論題

1. 簡述在群己關係的處理上所應持之恰當態度爲何？
2. 說明吾人在群己這一倫中，我們最需要掌握的行爲準則爲何？

活動

價值澄清——感恩的心

韓青菊

一、活動目標

1. 瞭解個人與群體之關係。

2. 願意為群體服務。

二、活動過程

1. 引起動機：以「群己關係」相關詞句引起學習動機，如「千人衣，百人鞋」、「我為人人，人人為我」、「蓬生麻中，不扶而直；白沙在涅，與之俱黑」等。

2. 填寫價值單（教師分發已印妥之價值單）。

3. 討論價值單之一（請數位同學發表他的價值單）。

4. 討論價值單之二

⑴將全班學生分成六小組。

⑵分組討論價值單之二（每一組選定一個團體進行討論）。

⑶全班討論：各組代表輪流上臺報告討論結果。

(4)教師歸納各組報告作結論。

(5)全班同學再重新書寫價值單之二（書寫後由教師收回檢視，如果前後內容不同，即是進步）。

三、活動補充資料：價值單

1. 價值單之一

在日常生活中，有那些事物是由於別人的貢獻，而讓你心存感激的呢（例如：賜予我們生命的父母親、將我們的生命賦予價值的老師們、創造臺灣經濟奇蹟的基層勞工們、……）？

(1)人：

(2)貢獻的事實：

2. 價值單之二

要使你所屬的團體不斷進步，成為一個互助友愛的地方，在下列六個團體中，你該如何貢獻自己的一分力量？

(1)家庭：

(2)班級：

(3)社團：

(4)社區：

⑸國家：

⑹世界：

第二章　權利義務

張秀雄

我們常聽人家說：「不要讓自己的權利睡著了」，如果我們體察社會百態，的確可以印證我們正處身於一個爭權利的時代。我們也常常聽到這樣的批評：「現代人只爭權利，不講義務」。茲就下列四方面進行探討：

第一節　現代的權利觀念

現代的權利觀念，與十八、十九世紀之權利觀念，大不相同。此一觀點可分二點說明❶：

一、爲權利觀念之相對化

❶ 林紀東，《中華民國憲法釋論》，臺北：大中國圖書公司，民國七十三年一月改訂四十四版，第一三〇頁。

基於天賦人權之理論，主張絕對權利。屬於個人之權利，無論如何行使或不行使，悉爲個人之自由，國家不得干涉，所謂所有權神聖不可侵犯之原則，即爲此種思想之表徵。隨著社會發達的結果，現代法學觀念，認爲權利並非天賦之權力，而爲社會生活之產物，即由於社會生活之必要，而承認權利之觀念。權利既爲社會生活之產物，則於享有及行使權利之際，自應顧及社會之公益，不容個人之專恣自爲，於是權利觀念相對化，而有所謂禁止權利濫用之原則，德國威瑪憲法第一百五十三條規定：「所有權包含義務，應爲公共利益而行使」，即爲此種思想之表現。

二、由權利到職分的觀念

此外，力斥個人主義觀念，注重社會公益之學者，更進而提出由權利到職分的觀念。昔日之權利觀念，乃建立於個人主義及自由主義思想基礎之上，以爲承認個人的權利，保障其努力所得之成果，乃可鼓勵個人之努力，社會亦從而進步。現代的權利觀念，則建立於團體主義思想基礎之上，認爲個人乃社會之一分子，與他人有分工合作之關係，各有其應盡之職分，爲使其善盡職分，故承認其應有之權利。

總之，十八、十九世紀的權利觀念，以權利爲天賦的、絕對的；現代的權利觀念，則以權利爲社會的、相對的。因爲權利爲社會生活之產物，爲社會生活所必要，乃有權利之觀念，故而權利之行使，必須適合社會利益。

第二節　人民的權利

所謂人民權利乃泛指人民依法得享有一定的權利，而國家依法負有保護之責任，且不得非法干涉或剝奪之❷。人民的基本權利與義務為各國憲法中最重要部分之一。人類政治史的內容，可以說都是以爭取人民的應有權利與義務為基本。我國憲法第二章第七條至第十八條，詳細規定人民的基本權利，茲分別簡要敍述如下：

一、生存權

生存權是人類最基本的權利，如果人民的生存權沒有保障，其他一切權利都是空的。既要生存，自不得不從事工作並保有財產，於是要求工作、選擇職業，以及自由使用、收益、並處分自己的財產，都成為生存有關的權利。我國憲法第十五條規定：「人民之生存權、工作權及財產權，應予保障」。據此，國家應有所作為，以保障人民之生存。人民有生存能力，且目前已能生存者，國家固不得剝奪其生存權利；人民於其生計發生困難時，有請求國家扶助之權利，且對於無生存能力之人，如老弱傷殘之生理上弱者，國家應積極保障其生存。

❷ 謝瑞智，《中華民國憲法精義》，臺北：文笙書局，民國八十年十月增訂十三版，第六六六頁。

二、自由權

自由權是人民要求國家機關（或他人），非依法律，不得侵害其自由的權利❸。自由權的特色，在於消極的拒絕國家機關的非法干涉為其目的，故稱為消極的權利，與受益權為具有積極的作用者有所不同。世界各國憲法，對於自由權均有規定，其主要內容，有人身自由、居住及遷徙自由、意見自由、祕密通訊自由、信教自由、以及集會結社自由等。

1. 人身自由

人身自由係指人民的身體，不受國家或他人的非法侵犯❹。人身自由為一切自由的基礎，人民倘無身體的自由，則其他一切自由將無所依附，而成為空談。必須人民身體自由獲得適當之保障，而後始可享受其他自由。欲有效確保人身之自由，必須確定下列四種制度：

⑴罪刑法定主義：人民非觸犯法律不為犯罪，非依據法律不受處罰，如行為當時，法律無明文規定為犯罪行為，即不受國家機關之處罰❺。此為保障人身自由之第一要義，如我國憲法第八條第一項及刑法第一條等均是❻。

⑵司法一元主義：人民犯罪之逮捕、拘禁、審問、處罰必須由司法機關統一處理。換言之，

❸ 程全生，《憲法釋論》，臺北：幼獅書局，民國六十年五月，第六七頁。
❹ 謝瑞智，《中華民國憲法精義》，第七二頁。
❺ 謝瑞智，《憲法大辭典》，臺北：地球出版社，民國八十年二月，第三六五頁。

人民犯罪，非但不由行政機關處理，並且如非有法律之特別規定，亦不受特別法院之管轄，而須由普通法院處理❼。我國憲法第八條第一項之規定，即為司法一元主義之具體化。

⑶提審制度：凡人民被非法逮捕或拘禁者，無論本人或親友均可請求司法機關向執行逮捕或拘禁之機關，於一定期間內將被拘禁者提交法院，由法院依法審理❽。我國憲法第八條第二、三、四項之規定，為提審制度之具體落實❾。

⑷冤獄賠償制度：凡依刑事訴訟法受理之案件，具有不起訴處分或無罪之判決確定前，曾受

❻ 憲法第八條第一項規定：「人民身體之自由應予保障。除現行犯之逮捕由法律另訂外，非經司法或警察機關依法定程序，不得逮捕拘禁。非由法院依法定程序，不得審問處罰。非依法定程序之逮捕、拘禁、審問、處罰，得拒絕之」。刑法第一條規定：「行為之處罰，以行為當時之法律有明文規定者為限」。

❼ 謝瑞智，《憲法大辭典》，第一二五頁。

❽ 謝瑞智，《憲法大辭典》，第三三六頁。

❾ 憲法第八條第二項規定：「人民因犯罪被逮捕拘禁時，其逮捕拘禁機關應將逮捕拘禁之原因，以書面告知本人及其本人指定之親友，並至遲於二十四小時內移送該管法院審問。本人或他人亦得聲請該管法院，於二十四小時內向逮捕之機關提審」。第三項規定：「法院對於前項聲請，不得拒絕，並不得先令逮捕拘禁之機關查覆。逮捕拘禁之機關，對於法院之提審，不得拒絕或遲延」。第四項規定：「人民遭受任何機關非法逮捕拘禁時，其本人或他人得向法院聲請追究，法院不得拒絕，並應於二十四小時內向逮捕拘禁之機關追究，依法處理」。

羈押與刑之執行者，受害人得請求國家賠償。至於非依刑事訴訟法之羈押，受害人亦得請求賠償❿。

2.居住及遷徙自由

居住自由亦得稱爲居住處所不可侵犯權，即人民居住之處所，不受侵害之意，爲人身自由之延長，其中包括：⑴不得無故侵入，⑵不得無故搜索，⑶不得無故封錮⓫。即如公務員非依法律如刑事訴訟法、強制執行法及行政執行法等，亦不得擅行侵入、搜索或封錮。遷徙自由亦得謂通行之自由。居住爲靜止的所在，遷徙爲移動的所在，均爲日常生活所必需。遷徙得分國內的遷徙及國外的遷徙，除遷居之外，尙包括旅行、遊覽、訪問等，原則上均應自由，唯各國法律，亦每有加以適當之限制者⓬。

3.意見自由

我國憲法第十一條規定：「人民有言論、講學、著作及出版之自由」。分析言之，即爲：言論自由、講學自由、著作自由及出版自由，得概括稱爲意見自由，亦有稱之爲思想自由者。唯所謂

---

❿ 謝瑞智，《憲法大辭典》，第三五六頁。

⓫ 管歐，《中華民國憲法論》，臺北：三民書局，民國八十一年八月初版，第五七頁。

⓬ 例如國內之遷徙者，須依戶籍法之規定，辦理遷出遷入之申報登記；國外遷徙者，須依護照條例之規定，辦理核准簽證。

思想，係指蘊藏於人心之內部意識，他人不得而知，亦無從干涉，即無所謂自由與否之分。若以內部之思想，表現於外部，是即所謂意見。其以言詞表達其意見者，謂之言論；以意見講授研討者，謂之講學；以文字圖畫發表其意見者，謂之著作；以印刷傳布其意見者，謂之出版。上述意見自由，關係人類思想之啓發，科學之發展，及文化之進步甚鉅，故應予以保障。唯此等自由，各國應制訂法律，以規定其範圍，及其所應遵循之程序⓭。

4. 祕密通訊自由

祕密通訊自由，乃指人民得以通訊方式交換意見之自由。所謂通訊，凡用書信、電報、電話等工具或方法均屬之。通訊自由之涵義有二：一爲人民之通訊，不得無故被人扣押或隱匿，二爲通訊之內容，不得無故被人拆閱。因之，國家機關除因公益或依法律之規定外，不得檢查或扣押人民之通訊。保護人民的祕密通訊自由，使人民得保守其生活或事業上之祕密，藉以維持其精神人格之完整，並使其所從事之事業，不致遭受無謂之干擾⓮。

⓭ 例如我國現行著作權法及出版法對著作及出版之規定。又戒嚴法規定：「在戒嚴地域內，如認爲與軍事有妨害者，並得對於言論、講學、雜誌、圖畫及其他出版物予以取締」。

⓮ 通訊自由爲民主國家憲法所保障的重要權利，唯在特殊情形之下，仍得依法律規定，予以適當限制。例如，父母對於未成年之子女，因行使其監護權，而拆閱其書信；法院檢察官爲偵查犯罪而拆閱書信；監所人員對於人犯之書信，予以檢查等，在民法、刑事訴訟法、羈押法、監獄行刑法等均有規定。

5. 信教自由

信教自由，係指人民有信仰任何宗教之自由，與不信仰宗教之自由，又有得選擇禮拜儀式之自由。國家爲貫徹此一原則，通常採取下列幾種措施：⑴使政治與宗教分離，不設國教；⑵使宗教與教育分立，學校不得強迫以宗教教義教授學生；⑶國家不對某一教會補助以金錢或課以金錢負擔；⑷人民不因宗教信仰不同，而異其法律地位⓯。

6. 集會結社自由

所謂集會，指人民因一定目的而爲臨時性之聚集，爲特定或不特定人之集合；所謂結社，乃指人民因一定目的而爲永久性之組織，爲特定人有規律的團體⓰。集會結社均爲現代國家人民團體生活之頻繁方式，無論爲政治性、文化性、宗教性、或其他目的，各國均以憲法明文保障之。

集會結社自由與人身自由、言論自由也關係密切，爲一特殊形式的自由，有時影響公共秩序甚大。故各國每以法律做適當之限制，其須事前向主管機關報告或須得許可者，是爲預防制；如事前不須報告或不必經過許可，僅於集會結社之後，如有違法行爲，始予制裁者，是爲追懲制。我國現行法律對於人民之結社及政治性的公共集會，採取預防制。

⓯ 曾繁康，《中華民國憲法概要》，臺北：三民書局，民國七十八年三月十四版，第七六頁。

⓰ 管歐，《中華民國憲法論》，第六〇頁。

三、平等權

平等權乃謂一切人民在法律上均爲同等待遇，享受同等權利，並擔負同等義務，所謂：「法律之前，人人平等」者是。我國憲法第七條規定：「中華民國人民，無分男女、宗教、種族、階級、黨派，在法律上一律平等」。本條所規定之平等權，可分析成：男女平等、宗教平等、種族平等、階級平等、黨派平等。茲簡述如下：

1. 男女平等

男女平等乃謂人民不得因男女之性別，而在法律上有不平等之待遇，並非男尊女卑，或重男輕女，即通常所謂男女平權。然因鑑於我國過去重男輕女之積習，爲扶植女權發展起見，憲法對於婦女有特別保障及優待之規定⑰。

2. 宗教平等

宗教平等乃指不問何種宗教，在法律上均受同等保障，而無國教與否之分。至於假宗教之名，以妨害善良風俗或公共秩序者，則不在法律保護之列。

3. 種族平等

⑰ 例如：對於各種選舉，應規定婦女之當選名額（憲法第一百三十四條）；對於婦女勞工及母性，應特別予以保護（憲法第一百五十三條、第一百五十六條）。

種族平等乃指國內各民族在法律上均享有同等之權利，負擔同等之義務，不受任何歧視、壓迫或限制。爲了落實種族平等，憲法復在政治、經濟、文化、教育、水利、衛生等事項，予少數民族以特殊保障⓲。

4. 階級平等

階級平等乃謂人民無貴賤、貧富、勞資、主雇等階級之對立。我國憲法不僅規定人民無分階級，在法律上一律平等，並對於各階級之協調合作，促進生產事業之發展，及確保社會之安全，亦有所規定。

5. 黨派平等

所謂「黨派」，係指政黨而言。黨派平等之涵義有二：一爲政黨平等：各政黨在法律上立於平等地位，均不得享受任何特權或優待，亦不受任何歧視或壓迫。二爲黨員平等：任何人不論屬於任何政黨，均不得在公權上享受特別優待或遭受壓迫。

四、受益權

所謂受益權，乃指人民站在積極的地位，要求國家行使統治權，藉以享受特定利益之權利⓳。

⓲ 參閱憲法第二十六、六十四、一百六十八、一百六十九等條。

⓳ 謝瑞智，《憲法大辭典》，第二一一頁。

受益權又稱請求權。我國憲法第十五、十六及二十一等條所規定的受益權，可以分成四類：

1. 行政上的受益權

行政上的受益權，乃指單純的依行政上之程序，以請求國家爲某種行爲，因而享受其利益之權利。可分請願權與訴願權。

(1)請願權：人民對國家政策、制度及政府的政治措施，有權利向中央及地方各級政府機關，以書面或口頭陳述其願望。

(2)訴願權：人民如遭受各級政府機關的違法或不當行政處分，致使其權利或利益受到損害時，有權向原行政處分機關的上級機關請求撤銷或變更原處分。

2. 經濟上的受益權

經濟上的受益權，即經濟上的弱者，得向國家要求特別保護、扶助、或救濟之權利。關於經濟上的受益權，我國憲法主要在「社會安全」一節中規定。

(1)勞動者之保護：勞動者之保護大約有下列各種制度：第一、勞動者在未得工作以前，國家須給與工作機會，使其得以從事經濟勞動，以維持生計（憲法第一百五十二條）。第二、勞動者在工作之際，國家須制定各種制度，以保護勞動者的工作能力，例如，最低工資，限定工作時間，承認勞工團體組織權，農民減租等（憲法第一百五十三條）。第三、勞動者在失去工作能力之後，國家須利用各種保險制度，以保障其生活（憲法第一百五十五條）⑳。

(2)老弱殘廢之救卹：由於農業社會生活漸被工業生活所取代，所以老弱殘廢人民的救卹，必須依賴國家的權力制定政策予以保護，我國憲法第一百五十五、一百五十六條之規定均是㉑。

3. 教育上的受益權：我國憲法第二十一條規定：「人民有受國民教育之權利與義務」。就權利方面著眼，受國民教育，乃國民所應享之權利。是故，國家及地方自治團體，即具有設立學校，以供國民接受教育之義務。

4. 司法上的受益權：人民有訴訟之權，爲憲法第十六條所規定。訴訟權有民事訴訟權、刑事訴訟權、及行政訴訟權三種。凡人民請求國家保護其私權所提之訴訟爲民事訴訟，依民事訴訟法之規定，向司法法院提出；人民請求國家處罰犯罪者所提之訴訟爲刑事訴訟，依刑事訴訟法之規定，向司法法院提出；人民因行政機關之違法處分，致損害其權利，經提起再訴願，而不服其決定時，得向行政法院提出行政訴訟。

---

⑳ 憲法第一百五十二條規定：「人民具有工作能力者，國家應予適當之工作機會」。第一百五十三條規定：「國家爲改良勞工及農民之生活，增進其生產技能，應制定保護勞工及農民之法律，實施保護勞工及農民之政策……」。

㉑ 憲法第一百五十五條規定：「國家爲謀社會福利，應實施社會保險制度，人民老弱殘廢，無力生活，及受非常災害者，國家應予以適當的扶助與救濟」。第一百五十六條規定：「國家爲奠定民族生存發展之基礎，應保護母性，並實施婦女兒童福利政策」。

五、參政權

參政權爲人民參與國家統治權行使之權利。人民參與國家政治事務須從兩方面著手：一是制定和廢止法律；一是選舉和罷免官吏。依我國憲法第十七條規定：「人民有選舉、罷免、創制、複決之權」。選舉與罷免二權控制官吏的品質，創制與複決二權控制法律的品質。又依憲法第十八條規定：「人民有應考試、服公職之權」。所謂應考試之權，即人民有參加國家爲選拔公務人員所舉辦的各種考試之權利；所謂服公職之權，即人民有擔任各級民意代表或中央及地方各級機關公務員的權利。

第三節　人民的義務

所謂義務，即人民在法律範圍內，對於國家應盡之責任，違者國家可採適當的制裁[22]。我國憲法規定人民之義務有三：

一、納稅之義務

租稅是國家最重要的財源之一，政府爲維持其龐大組織，推行公共建設，保護國家安全，維

[22] 謝瑞智，《中華民國憲法精義》，第一二七頁。

持社會秩序，除了藉公營事業賺取利潤外，就須利用課稅，以維持經費之支出。因此，各國憲法無不規定人民之納稅義務。人民如不履行，國家可處以罰鍰，或移送法院強制執行。

二、服兵役之義務

國家爲維護主權之完整、對外獨立，必須保持相當之武裝兵力，以抵禦外侮。人民既爲國家之組成分子，自有加入軍隊，負起捍衛國家之責，此乃兵役制度之所由產生。我國實施徵兵制，國民如不履行兵役義務，將依妨害兵役治罪條例論處。

三、受國民教育之義務

人民達一定年齡，不分貧富，均須接受國民教育。蓋國民全體之教育程度，智能道德之高低，關係國家興亡，民族盛衰，與建國的成敗至鉅。因此，近代各國無不實施義務教育制度。我國目

圖七　享受權利也要善盡義務

前實施九年國民義務教育，凡屬學齡兒童，一律強迫入學，其家長或監護人均有履行其兒童接受國民義務教育之責。

人民之義務除了憲法所規定之外，尚有對國家忠誠、遵守法律、保守職業祕密等，因限於篇幅，本節僅就憲法所規定者加以討論。

第四節　權利的保障與限制

各國憲法對於人民權利之保障，約有二種不同之主義：一爲直接保障主義，二爲間接保障主義㉓。我國採取直接保障主義，憲法對於人民權利保障的方法，可分爲事前及事後的保障。

事前的保障，乃指國家對於人民之自由權利，不得加以任意限制。依憲法第二十三條之規定，其得以法律限制者，僅限於下列四種情形：⑴防止妨礙他人自由，⑵避免緊急危難，⑶維持社會秩序，⑷增進公共利益等四種情形之一，且以「必要者」爲限。

㉓ 管歐，《中華民國憲法論》，第七〇～七三頁。直接保障主義又稱憲法保障主義，對於人民所得享受之各種權利，由憲法本身詳細規定，直接予以保障，而無「依法律」或「非依法律不得限制」等字句之規定，以免立法機關利用立法權以限制人民之權利。間接保障主義又稱法律保障主義，即憲法上所規定人民之各種自由，仍有「依法律」或「非依法律不得限制」等字句之附加條件，分別得以法律限制其權利。

事後的保障，乃指人民之自由或權利受到侵害時，應予救濟，並對於實施侵害者予以制裁。依憲法第二十四條規定，公務員違法侵害人民之自由或權利時，除依法律受懲戒外，應負刑事及民事責任，被害人民就其所受損害，得依法律向國家請求賠償。

綜上所述，人民的權利義務具體明定於憲法之中，受到明確的保障，但也受到相當限制。權利不是絕對的，權利義務是相對的，有權利即有義務，要盡義務才能享權利。國家在「必要的」情況下，得以「法律」限制人民的自由權利，使人民能夠充分享有自由權利，又能避免自由的濫用或誤用。

推薦進修書目

1. 陳長文等著，《法律與生活（上下）》，臺北：國立空中大學，民國七十八年。

習　題

呂啓民

一、選擇題

1.（　）人民的基本權利與義務，各國均詳細的規定於何處？①憲法　②民法　③刑法　④訴訟法。

2.（　）攸關人類思想之啓發、科學之發展、及文化之進步而政府應予保障者爲何？①人身自由　②集會結社自由　③意見自由　④遷徙的自由。

3.（　）政府擬提高油價，但計程車費率則維持不變，試問計程車業者有權向主事之行政機關行使何種權利？①行政訴訟　②請願　③罷免　④國家賠償。

4.（　）下列何者作爲有妨礙祕密通訊的自由？①父母拆閱未成年子女之書信　②法院檢察官監聽犯罪疑犯的電話　③監所人員檢查人犯之書信　④候選人監聽對手的電話。

5.（　）依據我國憲法的規定，人民因犯罪被逮捕拘禁時，其逮捕機關應於一定期間內移送所管轄法院審問。「一定期間」所指爲何？①十二小時內　②二十四小時內　③三十六小時內　④四十八小時內。

6.（　）我國現行法律，對於人民的集會結社的規範，係採取何種制度？①預防制　②追懲制　③預防與追懲並行制　④事後報備制。

7.（　）張三認爲縣政府違法徵收其土地，侵犯個人權益甚鉅。請問他應該到何處行使其訴願權？①縣政府　②省政府　③行政法院　④內政部。

8.（　）依據我國憲法之規定，何者既是人民的基本權利，也是人民應履行之義務？①納稅　②受國民教育　③服公職　④服兵役。

9.（　）人民因行政機關之違法處分，致權利受損，經提起再訴願，而仍不服其決定時，得向何處提出行政訴訟？①地方法院　②高等法院　③行政法院　④最高法院。

10.（　）下列敍述何者爲「非」？①凡依刑事訴訟法受理案件，獲不起訴處分，受害人可請求國家賠償　②行爲發生時若法律尚無明文規定爲犯罪行爲，仍應負法律責任　③國家不應設立國教，以保障宗教之平等　④現代權利觀念以爲權利爲社會的、相對的。

二、填充題

1. 現代法學的觀念，認爲權利是社會生活所必要，故權利的行使，必須適合____。
2. 人類最基本的權利爲____。
3. 消極的拒絕國家機關的非法干涉爲其目的，又稱爲消極的權利的是____。
4. 一切自由的基礎爲____。
5. 行爲當時，法律無明文規定爲犯罪行爲，不受國家機關之處罰，此爲____主義。
6. 人民站在積極的地位，要求國家行使統治權，藉以享受特定利益之權利，是爲____。
7. 訴訟權包括民事訴訟權、刑事訴訟權及____三類。
8. 言論自由、講學自由、著作自由及出版自由，得概括稱爲____。
9. 選舉與罷免二權可控制官吏的品質；____二權可控制法律的品質。
10. 欲有效的確保人身之自由，必先確定罪刑法定、司法一元、提審及____等四種制度。

三、申論題

1. 欲有效確保人身之自由，必須確立的四種制度為何？
2. 試述我國憲法中對平等權的保障規定為何？

活　動

新聞追擊——探討新聞事件中的權利與義務

韓青菊

一、活動目標

1. 瞭解生活中的權利與義務。
2. 培養關心時事及關懷社會之情操。

二、活動過程

1. 準備活動

(1)分組：全班分成五至六組。
(2)蒐集資料：各組各自蒐集一件近來發生之新聞事件剪報及圖片（內容須與人民之權利義務有關）。如：
①公職候選人公開於電視辯論。
②民法親屬篇中擬修訂之內容。
③飆車族青少年瘋狂砍人案件。

④狠心父親酒後揮棒打死親兒案件。

⑤臺北市教育局長由全市教師投票行使同意權。

⑥部分信用合作社對女性職員實施「單身條款」，迫使結婚女職員離職。

⑦政府取締攤販，引起抗爭事件。

2. 發展活動

(1)分組報告

①新聞報導：各組派代表上臺報導新聞內容。

②新聞評論：各組派代表上臺針對新聞中涵蓋之人民權利義務作評論分析。

(2)全班討論：採開放式討論，針對各組報導自由發表意見。

3. 結束活動：教師講評。

第三章　民主憲政

鄧毓浩

美國哲學家杜威（John Dewey, 1859-1952）曾說：「民主制度並不限於政府的型式，民主制度主要是社會結合的方式，和相互溝通經驗的方式」。

第一節　民主觀念及其演進

民主是現今大多數人所追求的一種政治制度與生活方式。「民主」一詞，英文爲 Democracy。源自古希臘文 Demokratia，由 Demos（意爲人民）和 Krateiv（爲權力或統治之義）兩字所合成，全意爲「人民的統治」，表示人民支配政治，也就是國家統治權非賦予某一特殊階級，而是賦予整個社會的人民。

民主萌芽於西元前四、五世紀的希臘。當時希臘有許多「城邦國家」（City State），如雅典等。

這些國家人口少，面積小，公共事務簡單，全國人民可以聚集一起，討論國事及決定眾人之事，國家統治權由人民直接行使，所以後人稱這種制度爲「直接民主」(Direct Democracy)，但是，在今天社會，這種制度很難再出現。因爲現代許多國家，不但人口眾多，面積廣大遼闊，而且公共事務複雜，非一般民眾能力所及，必須由專門人才來管理，才能發揮行政效能；提昇民眾生活品質。民主已不只是一種理想，而是一種方法，民眾如何在公平合理的過程，選擇優秀的政治專業人才，來管理國事，便自然是採行所謂的「間接民主」(Indirect Democracy)，也就是人民通過選出的代表代爲行使權力的「代議民主」(Representative Democracy)。

由於受到希臘城邦政治體制的影響，傳統政治學者多認爲民主就是多數統治的政治體制，民主是政治範疇中的一項價值。但這種觀念在近代社會已有很大的轉變。杜威 (John Dewey) 就認爲「民主制度並不限於一個政府的型式而已；民主制度主要是社會結合的方式，和相互溝通經驗的方式」。另一學者波德 (Boyd H. Bode) 在《民主即生活的方式》(*Democracy as a way of life*) 論及「民主」的意義時，亦深信民主並不是一個存在的觀念而已，而是現實社會生活的一種方式❶。民主與生活是離不開的，民主要從生活中慢慢培養，民主也在生活中實現。近年，我們社會常倡導「日常生活的民主化」的理念，也就是說民主一些基本觀念與準則，比如

❶ 廖峯香等，《政治學入門》，臺北：國立空中大學，民國七十九年。

「自主」、「平等參與」、「多元價值」、「尊重人本」等，成爲社會的自然原理，日常行動的準則。簡而言之，民主作爲「一種政治制度」時，即是一種以民爲主，主權在民，爲民所治的制度；是一種執政者必須向人民負責，爲人民謀福的政治體制。若民主視爲「一種生活方式」時，就涉及到觀念、價值、文化等社會整體現象，即社會中每位成員都有同等機會參與和分享各種價值，成員的行爲與社會間的互動是建立在民主的基礎上❷。

第二節　民主政治的特徵

如果將民主視爲「一種政治制度」，就形成了民主政治的體制，然而何謂民主政治，迄今沒有一個能爲大眾同意的簡短而明確的定義，但我們可以從一般所承認的英、美等先進民主國家的政治特徵來體認：民主政治是人民爲主的，或「人民當家」的政治制度，正如昔日美國林肯總統（Abraham Lincoln）的名言：「民有、民治、民享的政治制度（Government Of the People, By the People, and For the People）」。在今日社會，民主已爲大眾所習以爲常，且將之視爲一種道德價値，任何人違反民主都會被當作不道德之事，故民主不容侵犯，不許懷疑，甚至極權國

---

❷ 同❶。

家如中共獨裁者毛澤東，也將自己暴行美化為「新民主」，藉著民主反民主，因此，我們不得不從先進國家所實施的民主政治，來瞭解其內涵。

一、主權在民

就是指國家的統治權屬於國民全體，不是屬於任何個人或任何少數人，這也就是國父所說「用人民來做皇帝」的意思。我國憲法第二條規定：「中華民國之主權屬於國民全體」。即可看出我國現行政治的型態。人民有了主權，才能制定一套政治制度以實現民主的理想。也為了有效的行使國家的主權，人民必須擁有以下的三種權利：㈠民主必須是建立在獨立個人參與的基礎上面，人民有參與政治事務的權利，投票就是參與政治事務的方式；㈡人民有行動、言論、集會、結社和宗教的自由，並受到公正法律程序的保障，因為有了自由權，人民才能有效參與政治事務；㈢每一個人都享有平等權，所以政治權利都是平等的，政治才不會被某一階層的人所壟斷。更由於主權在民的理念，政府權力來自人民，所以政府是為民服務的，人民是政府服務的對象。表現不好的政府，人民可以將之解散或廢止。

二、多數決定

在民主的社會裡，每一個人都有自己的意見及看法，而這些個人意見或看法，如何獲得表達，取得協議，受到保障，便不得不取決於多數決定（Majority Decision）。所以在民主政治歷程中，通常經由自由參與及自由表決而決定政策和解決衝突，這叫做多數原則（Majority Principle），或多數統治（Majority Rule），這是民主決策的基本規範，一旦有了多數決定，就需要大家一致的遵守及服從。但是，在這多數決定的過程，也隱現一些問題，例如多數決定是否會造成以量取勝的多數專制（有些學者稱爲民粹主義 Populism），又如人民對不甚熟悉的公共政策，率行公民投票（Plebiscite）以決定其存廢，此又是否會影響政府施政的品質。職是之故，許多政治學者便不得不思索，能防止不當多數而又能保障合理少數的對策，以提昇政策的品質，維護民主的尊嚴，比如在表決方式上，採行無記名或記名投票的方法，以示負責；或在表決數額上，採用更嚴格的絕對多數及特別多數，以防範民主的流弊。

三、理性協商

在民主社會裡，除依上述多數原則以解決意見與利益衝突，但以量來作取捨，還是不能有效地解決問題與事端，尚需要社會成員具備理性的態度，人人依理說明自己的意見與利益觀點，但不堅持己見，同時也尊重他人的觀點，並適度接受他人意見，以謀求合理的解決方法，絕不可以用武力去強制他人接受自己的意見或爭取利益，否則就違背了民主的精神，擾亂了社會的秩序，民主反成了專制。因此，民主政治不但是標榜多數統治的政治，而且是強調理性、妥協、容忍、尊重的和諧政治。

四、法治原則

法治（Rule of Law）是依法爲治或法律主治，亦即以法律爲治國、治人和治事的準則。法律是一種維持社會秩序及政治秩序的工具，也是一種社會生活和政治生活的規範。民主如果不能建立在法治的基礎上，必將出現混亂失序的暴民政治；但是法治若無民意的支持，則成爲統治者實施獨裁的鎮壓工具。因此，民主政治除了是能充分表達民意的民意政治外，而且是遵守規範的法治政治；而遵守規範即又是一種負責的態度，亦是法治的極致。因此，民主政治更是一種責任政治，至於法治的內容，在憲政單元裡，會有詳細的說明。

第三節　憲政概念及其發展

一、憲政概念

談到民主，就會聯想到憲政（Constitutionalism，有些學者直譯爲憲政主義），兩者往往被視爲同義詞，也常被交互使用。但細究其內涵，仍有所差別。不過，在近代西方歷史發展的過程中，民主與憲政已逐漸合流，遂有一體兩面的說法，並成爲世界各國政治上所追求的目標。

憲政來自憲法，現代民主國家多依據憲法的規範來運作，因此，民主憲政與憲法的關係極爲密切。然則，兩者意義如何界定？憲法一詞，英文爲Constitution，淵源於拉丁文，其文義爲「組織」、「政體」及「制度」，係規範國家統治型態的基本法，也就是規定國家基本組織及國家活動所應遵循的重要原則。國父孫中山先生謂：「憲法者，國家之構成法，亦即人民權利之保障書也」

❸。又謂：「憲法是一部大機器，就是調和自由和統治的機器」❹。對於憲法意義之表明，尤爲言簡意賅。至於憲政，則指依憲法而實施政治，重視實踐層面。因此，憲法與憲政之差異，就形式上而論，前者是指一套有系統的、成文的憲法法典，如中華民國憲法、美國憲法；後者則是指立憲政治實行的運作體制。就本質上而論，前者爲一套政治規範，乃是處理政治事務的一種手段和工具；後者則是指政府權力有限的一種政治型態❺。所以任何國家，無論是古代或現代，又無論是專制或民主，均須有憲法，以規定國家各重要機關的組織與職權，及其施政的準則。因此，憲法是憲政實施的必要條件，但是否爲充分條件？那又未必然，德國在本世紀之初，就制定了威瑪憲法（Weimarer Verfass），內容相當完美，但壽命不長，僅施行於興登堡時代，但到希特勒執政時，即遭毀棄，相當可惜。另外，英國雖無成文憲法，但民主政治歷久不墜，卻有「憲政之母」之稱。所以，施行憲政時，又不得不注意各該國家的政治文化及民性國情。不過，可以肯定的一點，對憲法尊重的國家，政治制度必然健全。

二、憲政發展

---

❸ 吳宗慈，〈中華民國憲法史上篇序文〉，轉引管歐，《中華民國憲法論》，臺北：三民書局，民國八十三年增訂初版。

❹ 孫文，《國父全集》，〈民權主義〉，臺北：中國國民黨中央黨史委員會，民國六十二年。

❺ 張治安，《中國憲法及政府》，臺北：五南圖書出版公司，民國八十年。

近代憲法濫觴於英國大憲章（The Magna Carta, 1215），係國王與貴族簽訂的協定，對國王權力作若干的限制，與今日憲法有一段距離，也談不上什麼民主憲政。而民主憲政的萌芽，應歸功於英儒洛克（John Locke, 1632-1704）、法儒孟德斯鳩（Baron de Montesquieu, 1689-1755）等人的貢獻，他們大力倡導社會契約，自由主義（見參考資料），分權學說，對「治者基於被治者同意」、「政府權力」及「人民權利」的出處及運作，做了妥適的安排，民主政治才有今日可觀的局面。因此論及憲政發展，必須自下列幾點特質中，來瞭解其眞諦：

1.分權制衡：西方民主憲政淵源於自由主義與科學主義的思想。而自由主義思想反映於政治理論方面，主要認爲人生而自由，國家不能加以限制。人們之所以組織國家，成立政府，即用以保障人生而有的自由權利，所以佩因（Thomas Pain, 1776）在所著《常識論》（*Common Sensee*, 1737~1809）之小冊中認爲政府乃一種不可少的惡魔（Necessary Evil），干涉人民最少的政府，便是最好的政府，因此，便往有限政府（Limited Government）的途徑來節制政府的權力。另科學主義思想反映於政治理論方面，即藉牛頓（Isac Newton）萬有引力定律中，所闡述離心與向心兩大引力之制衡原理，來說明政府的權力必須相互牽制（有人稱之爲政治牛頓主義 Political Newtonianism），於是便有分權（Separation of Power）和制衡（Checks and Balances）的主張。例如洛克主張將政府權力分爲立法、行政、外交三種，分別由三個機關掌握，就是避免集中專制；另孟德斯鳩在其名著《法意》（*The Spirit of the Law*）也提出行政、立法、司法三權分立的主張，並使三權分屬三個機關，相互牽制。立法機關有權監督行政和司法機關，行政和司法機關對於立法機關的不當立法，也有權拒不執行，像這樣就可以達到限制政府權力，並能保障個人自由。不過，這種主張到本世紀，受到社會主義思潮及實施社會政策的影響，有了很大的轉變，政府爲了照顧勞工及中低收入等弱勢團體，必須積極的有所作爲，以期建立福利國家（Welfare State），憲法內容須作若干的修訂，憲政方式也須因應時代潮流而有所調整，政府的角色非僅是消極地制衡除弊，而應積極地分工興利，中山先生萬能政府的主張，即是政府功能調整的最佳例證。

2.憲治主義：又稱立憲主義，或稱憲政主義，係政府權力有限的一種政治型態。十八、十九世紀自由主義者及制憲者普遍接受洛克的觀念，認爲人生而自由，政府係人爲之組織，是人民自由之敵，必須善加監督，但要如何監督呢？不如以憲法和法律來限制政府的權力，因此，除了要政府分權制衡相互牽制外，最主要的即是規範政府的權力，使之不能逾越憲法的範疇。因爲憲法是法律的一種，而且位居法律最高層次，憲治主義就是法律主治，以之來區別專制統治（見參考資料），最終的目的在於保障人權，以彰顯人民主權的眞諦。

3.保障人權：民主政治重視人性，尊重個人人格，保障人民在社會上、政治上都有自由平等的地位，使得個人的人格價值得以發揮，但歷史經驗告訴我們，政府權力擴張，即是人民權利萎縮之時，如二次世界大戰期間，希特勒屠殺猶太人，人權保障蕩然無存。因此，上述之分權制衡及憲治主義，都是歐美憲政發展過程中，認爲只有在國家權力受到節制約束的民主社會中，人民權利才能獲得保障與發展。除此，還必須強調的，保障人權和奉行法治是相輔相成，孟德斯鳩曾言：「一個國家必須實行法治，即人民群居於國家之內乃享有自由，有權利做他願做之事，不受任何的強迫」❻。因此，近代國家都把人民應享有身體行動、宗教信仰、言論出版、集會結社等自由權利列述於憲法之內，受憲法保障。甚至規定人民非違反法律，並經法院審判，不受刑罰；因此歐美國家憲法都列有「人民的生命、自由、或財產，均不得未經適當法律程序而剝奪」的條文，如美國聯邦憲法第五條修正案便是。此所謂「適當法律程序」(Due Process of Law)，旨在使人民受到正當的法律程序的保護，藉以避免政府或執法人員違法濫權，造成對人民權益及自由的侵害。

由以上各項特質，可知憲政發展即是實施民主憲政。實施前必須先設立憲法，憲法的制定又必須以保護人權，限制政府權力之行使爲前提；而國家各項法律又源自於憲法，但必須無違於憲法的規定，並合於法治原則。因此，民主憲政即依照憲法規定及法治原則實施民主政治，並透過定期選舉，來反映眞實的民意，並以之確保民主政治的品質。

---

❻ Montesquieu, *The Spirit of the Law*, Chapter III.

第四節　推動民主憲政的條件

雖然民主憲政的原理相當淺顯，但是要推動民主憲政則是件艱難繁複、費時費事的工作，其過程尚需經濟、文化及社會等條件的配合，才能實現其理想。

一、經濟條件

民主憲政與經濟發展堪稱輔車相依，缺一不可。從英美歷史經驗得知，資本主義的經濟活動，可促成民主憲政的發展，因爲資本主義的私有財產與自由經濟，唯有在民主國家中獲致肯定。就以英國來說，十九世紀多次改革選舉法規，逐步擴大選民人數（見參考資料），主要是工業革命後，中產階級崛起，他們有了經濟上利益，即渴求爭取政治上的權利，來保障其經濟上的利益。同樣的，實施民主憲政後，也會有更寬裕的自主空間，來帶動經濟的成長。我們可以發現民主先進國家，也都是經濟上的高度發展國家。臺灣近年經濟快速發展，人民生活水準提昇，民眾對政治參與的興趣日漸濃厚，政府一方面解除戒嚴，開放辦報組黨；另方面修訂憲法、擴大地方自治選舉，無形中加速了推展民主憲政的腳步，亦正說明了優越的經濟條件是推動民主憲政的搖籃。

二、文化條件

推動民主憲政除了經濟條件之外，尚需要文化的條件，即要有參與的政治文化（the Participant Political Culture)（見參考資料），民眾必須體認其在政治社會中所扮演的角色。尤其在強調主權在民的時代，由於人人都是國家的主人，所以不但要關心政治，而且要參與政治。不過，人民知識水準必須達到某種程度，才能瞭解政治，從而具有參與政治的興趣和能力。而這些政治興趣和能力，須經由政治社會化（Political Socialization）的過程來培育滋長。同時，民主政治是一種講究理性、妥協、容忍異見的政治，這些人格特質只有在一個開放、開明的文化環境中才能培養。近年臺灣社會充斥暴力、迷戀激情，尤其是政黨政治，兩極對立往往取代了多元競爭，這種「以民主為工具，以大眾激情為手段」的民粹式訴求，最容易誤導民主憲政的發展。因此，如何建立一個寬容異見、合理多元、依法自治的民主文化環境，已是刻不容緩的課題了。

三、社會條件

推動民主憲政尚需考慮社會條件，諸如社會安定、社會共識、社會流動、社會階層化等問題，都會影響民主憲政的發展。一個安和的社會、流動性高的社會、階層性低，且分歧性不大、包容性較強的社會，都有利於民主政治的推展，憲政體制的運作也會比較順利。歐美國家民主憲政之所以能順利運作及健全成長，不完全是依賴憲法本身內容的政策，而是在和平、穩定的環境中，政治型態與歷史文化都已融成一體，民主的觀念已經內化成為個人基本信念的一部分，成為個人行為的指導原則。我國歷經專制及戰亂，今日能實施民主憲政已屬不易之事，今後政府與國民都應當加強心理建設，建立社會共識，培養民主的生活習慣與尊重憲法的觀念，民主憲政才會有進一步的發展與成長❼。

總之，民主的政治體制及民主的生活方式，是本世紀人類社會所共同追求的目標，因爲，它最符合人性的需求。儘管在發展過程中，遭受無數的挑戰與挫折，不過，終無損其爲世界潮流的趨勢。證諸近年東歐社會主義國家，如波蘭、匈牙利、東德、捷克、羅馬尼亞紛紛掙脫共黨一黨統治，追求民主改革的浪潮，益顯民主價值的珍貴與永恆。

參考資料

一、自由主義

自由主義（Liberalism）顧名思義就是以個人自由作爲價值取向的標準，這種意識型態起源於文藝復興以來人文主義的再生，和個人的解放。因此，其基本目標在反對干涉與解除束縛，以個人爲目的，視國家爲工具。個人在國家生活中享有不受侵犯的基本權利。如自由主義大師洛克（John Locke, 1632～1704）就認爲：人類締結原始契約（Original Compact）將權利讓與多數人所承認的權威，尙保留了基本的權利，即生命、自由和財產。

❼ 同❺，第三四頁。

就自由主義的發展而言，大致可分爲早期的或古典的自由主義（Classic Liberalism）和當代的自由主義。前者盛行於十八、十九世紀，強調個人價值，相信人人具有理性，試圖解開幾世紀來絕對君權、封建經濟和官方宗教給予人們在經濟、政治、宗教和道德上的束縛，以利個人發展。故自由主義者主張：在政治上，政府的權利應有所限制，採分權制衡，並以憲法來嚴格規範限定的法治體制；在經濟上，主張保障私有財產，建立自由競爭的市場經濟，減少政府的干預，使競爭者能自由發揮，開創更好的經濟生活。至於後者，則是受到一九三〇年代美國羅斯福總統「新政」政策的影響下，自由主義不僅是要防止政府干涉人們的基本權利，而且也要求政府積極的去保護人民經濟和身體安全，如此人民才能自由的去享受其智慧所帶來的權利。所以自由主義的基礎不應是單純的個人主義，而應置於個人與社會的兼蓄並顧，「福利國家」正好提供了理論的基礎。簡言之，美國當代自由主義是容許政府在經濟事務上的干涉，但在道德、宗教和知識活動上，仍將政府干預降到最小程度。

二、專制統治

專制統治又稱極權主義（Totalitarianism）。與憲政是一組相對的概念。憲政是指政府的權力受到一定的限制，但是極權主義則是指政府的權力是全面的（Total），完全沒有受到任何的限制。實爲西方近代政治思想發展的另一極端，也是近代民權運動的一大反動。

西方學者佛雷里奇（Carl J. Friedrich）與布里辛斯基（Zbigniew Briezinski）在其合著之

《極權獨裁與獨裁政治》（*Totalitarian Dictatorship and Autocracy*），將近代極權主義歸納以下數項主要的特徵：

1. 有個涵蓋個人生活所有層面的官方意識型態（Ideology），社會的每個成員都必須信奉，不僅在外表形式上要信奉，在內在心志上亦需臣服。
2. 一個單一的群眾黨（Mass Party），通常是一人領導，其黨員僅由少數人所組成，這些人是官方意識型態的傳教士，而且是黨領袖的使徒與爪牙。
3. 設有一種充分運用現代科技的恐怖警察管制體系。
4. 國家領袖和政黨幾乎完全獨占大眾傳播媒體。
5. 國家領袖和政黨幾乎控制武裝戰鬥系統。
6. 採行中央計劃經濟，並藉官僚整合所有私人企業組織。

三、英國在十九世紀多次改革選舉法規，逐步擴大選民人數

一八三〇年英國民黨（Whig）主掌國會，於一八三二年首次通過「國會改革法案」（Reform Act of 1832），增加選舉人口，使家境小康的成年男人獲得選舉權，當時英國具有選舉權資格之選民人數，由改革前的百分之五，躍升至百分之七。這是走向民主的第一步。一八六七年保守黨執政，仍注重政治社會的改革，再次透由國會，進行第二次國會改革法案，使選民人數再次攀升至百分之十六點四，較前增加一倍。這是英國走向民主的第二步。一八八四年，換由自由黨執政，英國國會又通過一項有關選舉權的改革法案，將選民的財產限制完全取消，所有成年男人都獲得選舉權。這是英國走向民主的第三步。

四、參與的政治文化

政治文化（Political Culture）爲美國政治學者奧蒙（Gabriel Almond）於一九五六年在〈比較政治系統〉（Comparative Political System）文章中提出，它是社會一般文化的一個部分，但不同於一般文化。它是一個政治社區或一個政治系統下的構成員間，因歷史傳統、地理環境、生活習慣、教育薰陶等因素的孕育之下，所形成的大眾共同的對政治的心理狀態及主觀取向，足爲政治行爲的動力及規範，並能以保持此社區或系統的安定、團結與持續。一般學者都認爲政治文化包括認知、感情及評價三個面向，是行爲科學一項重要研究的主題。一九六三年奧蒙復與另一位政治學者維爾巴（Sidney Verba）在「公民文化」（Civic Culture）的研究中，將政治文化區分爲部落型（Parochial）、臣屬型（Subject）及參與型（Participant）三種基本類型，這三種政治文化，皆有與其最能適當配搭的政治結構。前兩者政治文化，大致存在於傳統及專制的政治社會，對國家、政府的概念相當模糊，無民主政治可言。而參與型的政治文化是最適合於民主的政治結構，也是多元社會最希望呈現的政治文化。

推薦進修書目

1.中國教育學會編，《民主法治與教育》，臺北：臺灣書店，民國七十八年十二月。
2.華力進著，《政治學》，臺北：五南圖書公司，民國八十四年四月。

習　題

呂啓民

一、選擇題

1.(　)「代議民主」是何種形式的民主？①直接民主　②間接民主　③新民主　④人民民主。
2.(　)a政府的型式　b社會結合的方式　c人民的生活方式　d相互溝通經驗的方式，上述所列，何種組合能完整說明「民主」的意義？①ab　②abc　③bcd　④abcd。
3.(　)a民粹式的訴求　b政黨的對立　c多元競爭　d容忍異見，上述所列，何種組合有利於民主政治的發展？①acd　②abc　③abcd　④cd。
4.(　)下列何種類型的政治文化最適合於民主的政治結構和多元社會的發展？①部落型　②臣屬型　③對立型　④參與型。

5.（　）近代憲法，濫觴於何者：①美國人權法案　②法國革命宣言　③德國威瑪憲章　④英國大憲章。

6.（　）a流動性低的社會　b階層性低的社會　c參與性的政治文化　d自由經濟，上述所列特質，何種組合是推動民主憲政的有利條件？①abc　②acd　③cd　④bcd。

7.（　）a分權制衡　b民粹主義　c憲治主義　d保障人權，上述所列特質，何種組合是憲政發展的眞諦所在？①abc　②acd　③bcd　④abd。

8.（　）a和諧政治　b責任政治　c法治政治　d理性政治，上述所列特質，何種組合是民主政治的眞諦所在？①abcd　②ab　③acd　④ac。

9.（　）防止暴民政治與獨裁政治，需將民主建立在什麼基礎之上？①法治　②服從　③責任　④平等。

10.（　）a自主　b平等參與　c多元價值　d尊重人本，上述所列特質，何種組合是民主基本觀念及準則？①acd　②abc　③abcd　④abd。

二、填充題

1. 國家統治權由人民直接行使，後人稱此制度爲＿＿＿＿。
2. 民眾在公平合理的過程，選擇優秀的政治專業人才，來管國事，便自然的採行＿＿＿＿制度。
3. 民主是一種政治制度、生活方式與＿＿＿＿。
4. 國父所說「用人民來做皇帝」是強調＿＿＿＿的理念。
5. 在民主政治歷程中，以自由參與及自由表決而決定政策和解決衝突的模式，稱之爲多數原則或＿＿＿＿。

6. 推動民主憲政，需要＿＿＿政治文化，即民衆必須體認其在政治社會中所扮演的角色。
7. 民主的政治體制及民主的生活方式是人類社會所共同追求的目標，因爲其最符合＿＿＿的需求。
8. 民主如果不能建立在法治的基礎上，必將出現混亂失序的＿＿＿。
9. 參與政治的興趣和能力，須經由＿＿＿的過程來培育滋養。
10. 現代良善的政府，非僅消極的制衡除弊，而應積極的分工興利，尤應照顧勞工及中低收入等弱勢團體以期建立＿＿＿國家，實現中山先生萬能政府的主張。

三、申論題

1. 試述民主政治的內涵。
2. 推動民主憲政尚需那些條件配合，才能實現其理想？

活　動　一

憲政分析——民主憲政在臺灣

韓青菊

一、活動目標

瞭解臺灣民主憲政實施成效。

二、活動過程

1. 全班同學分成三組，並分配下列題綱，自行蒐集資料，進行研究。
研討題綱第一組爲：臺灣實施民主憲政之過去背景。
研討題綱第二組爲：臺灣實施民主憲政之現況分析。
研討題綱第三組爲：臺灣實施民主憲政之未來展望。
2. 小組報告：各組派代表於課堂中上臺報告研究結果。
3. 教師講評。

三、注意事項

1. 小組報告可採用圖片展示或製作投影片輔助說明，以提高同學聽講興趣。
2. 第二、三組同學可分別自經濟、文化、社會三方面條件之發展，分析臺灣實施民主憲政現況及未來展望。
3. 同學們可至下列各處購買或參閱各類政府出版品及相關資料
(1)縣（市）文化中心。
(2)鄉鎮（市）圖書館。
(3)臺北市正中書局三樓、三民書局等。

活　動二

參觀——參觀地方議會

韓青菊

一、活動目標

1. 瞭解地方議會運作現況。
2. 評析議會之運作是否合乎民主政治特徵。

二、活動過程

1. 擬定參觀方式，參觀方式有兩種：
(1)全班組成一隊，選擇離校較近的地方議會參觀。
(2)全班分爲若干小隊，在同一時間內分別前往不同的各級議會參觀。
2. 安排參觀活動
(1)向學校訓導處報備校外參觀活動及領隊老師。
(2)發函擬參觀之單位聯絡下列事項：
①參觀目的。
②日期及時間。

③人員名單。

⑶向參觀單位索取相關資料如：該單位組織概況、議會議程規則等，印發給全班同學參閱。

⑷準時到達參觀單位，並接受招待人員引導，聽取簡報。

⑸隨同引導人員進入議會旁聽席參觀議會之運作。

⑹靜坐聆聽並詳細紀錄，評析議會運作過程是否合乎下列特徵：

①主權在民。

②多數決定。

③理性協商。

④法治原則。

⑺參觀後整隊返校。

⑻返家撰寫參觀心得，並交由學藝股長彙編成班級參觀報告，於下次公民課時向全班宣讀報告。

⑼函謝參觀單位。

第四章　法治精神

簡資修

人民與法的關係，在專制人治時代，政府是統治者，可以任意頒布法令或不守法，而人民是被統治者，必須守法。但是在民主法治時代，人民是統治者，政府本質上是受人民的委託，管理眾人之事，因而必須受人民所制定之法的約束，落實於制度上，即是以憲法爲最高的法規範，實行權力分立的政府組織型態，以確保人民的基本自由權利。進而言之，法治在立法上的要求，是法律應該由人民全體或代表，依據一定的程序制定，具備完整、明確、合理的特性，對外公告週知，對不特定人將來發生效力；在行政的法治要求上，是遵守法律優越及法律保留的依法行政原則；在司法上，法治應該確保人民主體訴訟程序權益、民意控制及司法獨立等。另外，一旦政府違反法治原則，人民應該有權利申訴改正，或人民因而受有損害時，得請求賠償。最後同等重要的是，法治應該落實於人民的心中，使人民不但消極地守法，更應積極地促進法治。

第一節　憲法與法治

在我國，憲法第二條規定，中華民國的主權，屬於國民全體，宣示了我國是一主權在民的民主法治國家。在第七條至第二十一條，憲法更明白列舉了人民的平等權、自由權、生存權、財產權、申訴權及參政權等基本權利義務。在憲法第二十二條又更進一步概括規定，人民的其他自由權利，在不妨害社會秩序及公共利益之下，亦均受憲法的保障。爲保證憲法的確實執行，憲法第七十八條及第七十九條亦規定，司法院大法官會議職司憲法的解釋，有權宣布立法院制定的法律或行政機關發布的命令違憲。所謂司法院大法官會議，依據司法院組織法第二條及第五條的規定，是由十七位大法官組成，任期是九年。大法官的任命，則依據憲法增修條文第五條的規定，必須由總統提名，經立法院同意。

第二節　立法與法治

在立法方面，我國在憲法第六十二條規定，立法院爲國家的最高立法機關，由人民選舉出的立法委員組成。法治在立法程序上，依據立法院議事規則第三十七條的規定，立法院通過法律案，應該經過三讀會程序。亦即必須經過立法院院會一讀的標題朗讀或案由說明，二讀會的逐條討論及三讀會的全案表決。立法院所通過的法律案，依據憲法第一百七十條的規定，必須經過總統的公布，始能成爲法律。在立法內容上，我國憲法第二十三條規定，除非爲了防止妨礙他人自由、避免緊急危難、維持社會秩序或增進公共利益所必要的範圍內，法律不得限制人民的基本權利。就此，司法院大法官會議曾作出一些重要解釋。例如釋字一六六號及二五一號解釋，認定違警罰法規定由警察官署裁決的拘留及罰役，是有關於憲法第八條人民身體自由的處罰❶，應該改由法院爲之，並且宣布該法至遲應在民國八十年七月一日失效，要求立法院在此期限內修訂相關法律，因而促成違警罰法的廢止及社會秩序維護法的制定。再例如釋字三六九號解釋，認定民法第一千零八十九條，關於父母對於未成年子女權利行使意思不一致時，由父行使的規定，有違反憲法男女平等的規定，應該檢討修正，並應自該解釋公布之日起，至遲在屆滿兩年時，失其效力。在法律施行上，依據中央法規標準法第十二條的規定，法律應該規定或授權命令規定施行日期，法律的施行日期又可分爲兩種：一是法律明定自公布或發布日施行，自公布或發布日起算至第三日起發生效力，二是法律特定有施行日期，則自該特定日起發生效力。另外，法律不應溯及既往。我

❶ 憲法第八條第一項：人民身體之自由應予以保障，除現行犯之逮捕由法律另定外，非經司法或警察機關依法定程序，不得逮捕拘禁。非由法院依法定程序，不得審問處罰。非依法定程序之逮捕、拘禁、審問、處罰，得拒絕之。

國刑法第一條即規定，行爲的處罰，以行爲時的法律有明文規定者爲限，亦就是所謂罪刑法定主義。

第三節　行政與法治

一、法律優越原則

在行政方面，法治體現在法律優越與法律保留的依法行政原則。所謂法律優越原則，是指行政機關的一切行爲或活動，不得與法律牴觸。在我國，憲法第一百七十二條及中央法規標準法第十一條，均有行政命令不得與法律牴觸的規定。另外法律優越原則並不要求一切行政行爲必須有法律的明文依據，只是要求行政活動不違反法律的規定，所以又有消極的依法行政之稱。在此有一點必須注意的是，此原則中的法律，不僅是指明文規定的法律條文，而是包括行政法的一般原則，例如誠實信用原則、比例原則、信賴保護原則及公益原則❷等。

二、法律保留原則

❷ 誠實信用原則要求行政行爲不得顯失公平，比例原則要求所採取的手段與想達成的目的應該合乎比例關係，信賴保護原則要求行政行爲不得任意改變，公益原則要求行政行爲應爲公益服務。

次之，所謂法律保留原則，是指行政機關就某些事項，若無法律的授權，不得爲相關的行爲或活動。此一原則因爲規定行政行爲不以不牴觸法律爲已足，而必須有法律的明文授權依據，所以又稱積極的依法行政。在我國，除了在憲法或法律的一些條文明定有些事項必須由法律規定外，中央法規標準法第五條規定，關於人民的權利義務、關於國家的機關組織及其他重要事項應該以法律規定者，應該以法律規定。同法第六條又規定，應該以法律規定的事項，不得以行政命令規定。實務上，行政命令若定有科處沒入、罰鍰或其他制裁性的規定，行政法院因此往往不予適用。另外在有法律明文授權行政命令補充內容時，法律的授權應該明確而行政命令不得逾越法律的授權範圍，否則無效。實例有民國七十一年六月十五日修正發布的考試法施行細則第九條第二項，援用考試法在立法院二讀時遭删除的規定，經司法院大法官會議釋字二六八號解釋，認定應該不予適用。此外在現實上，相對於法律優越原則的嚴格適用，因爲立法機關的本質上立法遲緩及現代行政事務的急遽膨脹，法律保留原則應有較寬鬆的標準，尤其是在給予人民利益，例如殘障津貼，具有非干涉行政性質的福利行政或給付行政方面應是如此，否則反失了法治保障人民權益的原義。

第四節　司法與法治

一、司法院

在司法方面，依據憲法第七十七條的規定，司法院是我國的最高司法機關，掌理民事、刑事、行政訴訟的審判及公務員的懲戒。民事及刑事訴訟的審理，依據法院組織法第一條至第三條的規定，是由地方法院、高等法院及最高法院掌理，負責審判的人稱法官；行政訴訟的審判，依據行政法院組織法第一條及第四條的規定，是由行政法院掌理，負責審判的人稱評事；公務員的懲戒，則由公務員懲戒委員會掌理。另外依據憲法第七十八條及第七十九條的規定，司法院解釋憲法，並有統一解釋法律及命令的權力，由大法官會議掌理。

我國憲法第八十條規定，法官須超出黨派以外，依據法律獨立審判、不受任何干涉。爲了確保上述法官的審判獨立，憲法一方面在體制上，實行權力分立，在第七十七條規定，司法院而非行政院或立法院，是國家的最高司法機關。另一方面在法官個人保障上，憲法第八十一條規定，法官爲終生職，非受刑事或懲戒處分或禁治產的宣告❸，不得免職，非依法律，不得停職、轉任或減俸。又在此所謂法官，並不僅指審理民刑事訴訟的法官而已，依據大法官會議釋字一六二號解釋，應該包括行政法院的評事及公務員懲戒委員會的委員，又依據釋字一三號解釋，則不包括

---

❸ 民法第十四條第一項：對於心神喪失或精神耗弱致不能處理自己事務者，法院得因本人、配偶、最近親屬二人或檢察官之聲請，宣告禁治產。
民法第十五條：禁治產人，無行爲能力。

檢察官在內。

二、司法程序

另外，在司法程序上，法治一方面要保障人民平等使用法院的機會，另一方面要承認人民的程序主體地位。前者的要求，是因爲人民的自由權利，若受到侵害而無法申訴於法院，即使有憲法明文規定保障，亦是落空。更何況法院獨占紛爭審判權，一般禁止人民自力救濟，則更應該確保人民可以平等使用法院。對此，在制度上，應該健全法律扶助、訴訟救助及法律諮詢等制度，以減少訴訟費用及法律知識的障礙，或設立保護小額權利、消費者利益或大量受害人的紛爭解決制度，此外法官在決定是否受理案件時，亦應該盡量給予當事人補正的機會，不應該輕易以欠缺形式要件爲理由，駁回起訴。人民一旦有平等使用法院的機會，開始進行訴訟程序，在程序中，人民亦是處於主體地位，應該容許充分陳述意見或辯論，而法官亦應該公開認定事實的依據及表明法律的見解，始符合法治的原則。

第五節　政府與法治

在政府違法時，法治要求除了有關公務員應該依法負行政、民事及刑事責任外，人民應該有申訴要求改正的權利，在受有損害時，應該可以要求賠償。我國憲法第二十四條規定，公務員違法侵害人民的自由或權利時，除了依法律受懲戒外，應負刑事及民事責任，此外被害人民就其所受損害，並得依法律向國家請求賠償。在特定法律方面，例如冤獄賠償法第一條規定，在刑事訴訟案件，不應受而受羈押或刑的執行的人，可以要求國家賠償。至民國六十九年，我國制定了全面性的國家賠償法，在隔年開始施行。從此人民不但依據該法第二條的規定，對於公務員的違法侵害可以請求國家賠償，依據同法第三條的規定，亦可因馬路或垃圾場等公有公共設施的設置或管理有欠缺，受有損害時，要求國家賠償。另外，依據訴願法第一條及第三條的規定，人民若認爲行政處分違法或不當，致權利或利益受到損害時，可以向原處分機關的上級機關或本身提起訴願及再訴願。不過，有爲數相當多的法律亦規定，人民應用盡先行的救濟程序後，才可以提起訴願。先行程序的種類繁多，例如稅捐稽徵法的複查，關稅法及海關緝私條例的聲明異議、專利法的再審查等等，其共同特徵是提起救濟的期間較短及受理機關是原處分機關，而不是原處分機關的上級機關。又依據行政訴訟法第一條的規定，人民認爲權利受到損害，而不服再訴願的決定，或再訴願機關不爲決定時，得向行政法院提起行政訴訟。對於行政法院的判決，依據行政訴訟法第三條的規定，與審理民刑事訴訟案件的一般法院有上下審級不同，不得上訴或抗告不服。

第六節　人民與法治

最後，法治要求政府守法，亦要求人民守法。人民之所以守法，可以是因爲害怕一旦犯法會受制裁。不過，此一功利心態，畢竟消極，人民應該有發自內心的道德義務去守法及促進法治。法律之所以有權威，是因爲基於人性，人人爲己，易造成彼此的傷害，於是大家訂立契約，制定法律規範彼此的行爲，一旦個人同意了契約，就得遵守法律的規範。另外，個人有促進公道及公利的道德義務，而國家的法律則是實現這些道德目標的必須手段，所以個人有服從法律的道德義務。在民主國家，即使個人不同意某一特定法律時，因爲個人在參與選舉的程序中默認多數決的原則，而多數決是實現全意志現實上最可行的途

圖八　養成守法觀念

徑，所以，個人即有道德義務服從法律。

推薦進修書目

1. 鄭玉波著，《民法概要》，臺北：東大圖書公司，民國七十六年。
2. 高仰止著，《刑法概要》，臺北：五南圖書公司，民國六十九年。
3. 胡佛等著，《中華民國憲法與立國精神》，臺北：三民書局，民國八十二年。

習題

劉秀嫚

一、選擇題

1.(　)我國所有法律規章的最高準繩為何？①戒嚴法　②國家安全法　③省縣自治法　④憲法。

2.(　)中華民國的主權屬於何者？①國民大會　②立法院　③國民全體　④總統。

3.(　)我國有解釋憲法，並統一解釋法律及命令之權的機關為何？①立法院　②國民大會　③憲法法院　④大法官會議。

4.(　)法律的施行日期除有「特定」施行日期外，一般而言，法律自公布或發布日起算至第幾日起發生效力？①一　②三　③五　④七　日。

5.（　）我國的法院組織法，將法院分爲幾級？①一　②二　③三　④四　級。

6.（　）行政法院掌理行政訴訟的審判，而負責審判的人稱爲：①評事　②法官　③大法官　④檢察官。

7.（　）我國的國家賠償法於民國幾年制定完成？①六十八年　②六十九年　③七十年　④七十一年。

8.（　）下列何人依法不能對「心神喪失或精神耗弱致不能處理自己事務的人」，向法院提出宣告禁治產的聲請？①檢察官　②本人　③最近親屬二人　④法官。

9.（　）依據憲法，立法院通過的法律案，必須經過：①行政院長　②司法院長　③國民大會　④總統　的公布，始能成爲法律。

10.（　）依據立法院議事規則的規定，立法院通過法律案，應該經過：①二讀會　②三讀會　③四讀會　④五讀會　的程序。

二、填充題

1. 在專制人治時代，＿＿＿＿是統治者；而在民主法治時代，＿＿＿＿是統治者。
2. 依據憲法增修條文的規定，大法官由＿＿＿＿提名，經＿＿＿＿同意任命之。
3. 憲法第二十二條規定，凡人民之其他自由及權利，不妨害＿＿＿＿、＿＿＿＿者，均受憲法之保障。
4. 我國刑法規定，行爲的處罰，以行爲時的法律有明文規定者爲限，此乃所謂的＿＿＿＿主義。
5. 行政機關的一切行爲或活動，不得與法律牴觸，稱之爲法律＿＿＿＿原則。

6. 行政機關就某些事項，若無法律的授權，不得爲相關的行爲或活動，稱之爲法律＿＿原則。

7. 司法院爲我國的最高司法機關，掌理＿＿、＿＿、＿＿的審判及＿＿的懲戒。

8. 人民若認爲行政處分違法或不當，致權利或利益受到損害時，可向原處分機關的上級機關或本身提起＿＿及＿＿。

9. 在民主國家的選舉中，＿＿是實現人民全意志現實上最可行的途徑。

10. 人民對於公務員的違法侵害可以請求＿＿。

三、申論題

1. 何謂法律保留原則？

2. 何謂罪刑法定主義？

活　動

兩難式困境討論——醫師的抉擇

韓青菊

一、活動目標

1. 提昇道德認知層次。

2. 探究法治精神。

二、活動過程

1. 呈現故事（見活動補充資料）。
2. 提出澄清問題：針對故事內容，提出疑問與澄清問題。
3. 提示問題：就故事內容引導學生思辨。
4. 提出個人主張與理由：學生針對問題提出自己的主張與理由，並書寫於紙上。
5. 分組：教師將主張相同之學生編成一組。
6. 分組討論：每組針對每一問題，討論出共同的理由。
7. 分組報告：每組派代表上臺報告該組之主張與理由。
8. 全班討論：別組可提出質問，各組自行說明。
9. 結束討論
   (1)將各組理由逐一討論後，留下全班公認較好的理由。
   (2)教師請每位學生重新思考問題，並調查改變意見者之主張與理由。
10. 教師結論。

三、活動補充資料

1. 兩難故事

王曉雲是位獨生女，因車禍重傷成爲植物人，二十年來父母爲其耗盡了所有的家產，卻始終不見起色。一年前父親去世後，寡母由於年老力衰積勞成疾，且擔心自己死後，無人照顧曉雲，遂不斷要求老友張凱醫師爲她實施「安樂死」。張醫師爲此深感困擾，經常與同事趙齊討論，終於，張凱拗不過王老太太的苦苦哀求，拔去了曉雲的氧氣罩。

2. 問題

(1)當趙齊發現事實後，他應該檢舉張凱醫師嗎？爲什麼？
(2)如果趙齊檢舉了張凱醫師，法官瞭解了實情後，該依法判張醫師有罪嗎？爲什麼？
(3)就社會而言，任何違法的人都應該受到懲罰嗎？爲什麼？
(4)就法律而言，「安樂死」是否該合法？爲什麼？
(5)當現行法律不敷目前需要時，人民該如何自力救濟？

第五章 民主修養

董秀蘭

就我所知，社會的最後決定權必須交給人民自己掌握，此外，別無更安全的寄託處。如果我們認爲人民見識不足，判斷不周，不能執行決定權，補救的辦法不是把決定權從人民手中拿走，而是透過教育，讓人民善於判斷。

——湯瑪斯．傑斐遜（Thomas Jefferson）❶

民主修養的質量可以在餐桌上、起居室中加以檢驗，正如在學校裡、教室裡、講臺上受到檢驗一樣。

——雅各．巴任（Jacques Barzun）❷

❶ 美國開國元勳及憲法起草人，曾任美國第三任總統。

❷ 美國學者，著有《美國的教師》等書。

第一節　民主修養與民主政治

民主修養是指現代社會中，人民參與公共事務、力行民主生活所需的民主知識、態度和技能。何以民主社會的成員必須具備民主修養？我們可以從三方面來瞭解。

一、民主的過程是集體與參管理共同事務的過程

首先，民主的過程是集體參與管理共同事務的過程，雖然參與管理的形式有直接與間接的區別，但無論任何時間、任何地點，被統治者參與管理是民主政治不可或缺的前提。如果有權或即將有權參與管理的人民，對自己的權利、義務及公共事務是處於一無所知的狀態，要想建立一個進步而穩定的民主國家是不可能的。因此，在民主國家中，不論是由人民共同決定重要問題，或選擇代表決定重要問題，諸如：選舉或罷免國家領導人物、實施重大建設方案或福利政策、修改憲法及政府體制、複決爭議性的重要法案等，人民都須具備一定程度以上的相關知識能力，判別各項資訊、方案的眞僞損益及優劣價值，才能作出明智的抉擇，有效監督政府施政和議會問政，並保障人民的自由權利。不過值得注意的是，民主知識能力絕不是天賦的，與人的天資聰穎程度並無必然的關係，主要仍靠後天的教育訓練和不斷的自我充實；在稍後的課文中將會進一步詳細說明。

二、民主是一種生活方式

其次，民主就是一種生活方式，這種生活方式的主要特徵在於尊重個人尊嚴、容忍懷疑差異、重視權利平等以及篤信自由價值。從人類歷史的發展經驗來看，任何社會都不可能出現完全的思想統一、意見一致，當社會成員主張分歧、步調不一時，專制極權政治的統治者採取訴諸暴力的強迫方式來剷除異己，維持表面一致的社會秩序。但這種依賴棒棍和槍桿的方式，不僅危害人性尊嚴，亦且加深社會的裂痕和危機。因此，為了避免人類危機的持續擴大和歷史災難的不斷重演，民主社會中主張多元價值，肯定成員的個別獨特性和差異性，尊重不同的文化和生活方式，容許對現行社會體制懷疑和異議，同時在平等的基礎上「以數人頭代替打破頭」（by counting heads instead of breaking them），嘗試求取社會成員能普遍接受的最大公約數。所以，要促成人類這種理性價值及理想生活的實現，則必須建構一套信仰民主價值的情感和行動傾向，例如：容忍差異、尊重多元等，而這也是民主社會必須培養其成員民主態度的主要原因。

三、民主政治仰賴公民的有效參與

再就第三方面來看，民主政治的健全運作，必須仰賴公民的有效參與，不但要求公民能獨立思考，也要求公民能合作地運用資訊，溝通、討論、妥協，尋求解決問題的方案，滿足社會中衝突的、重疊的、多樣的需要與利益。因此，民主社會的成員除了要具備清楚流暢的意見表達能力外，也要有討論、批評、辯論等參與會議協商的技巧；缺乏這些參與民主政治所必備的技能，民主便不可能成熟。

第二節　民主修養的內涵

基於上述民主生活的三方面需求，我們可以將民主修養的內涵歸納爲三大範疇：

一、基本知識

現代社會是一個相互依存度很高的社會，許多公共事務牽涉的層面都非常廣泛，人民若僅具有單一、片面的知識，實無法有效參與民主的決策過程，因此必須具備一些廣博的基本知識，包括：

1. 人與環境的關係及相關知識，諸如人口的分布與節制，公害汙染的控制，理想的自然資源開發方式，環境保護等。藉由這些知識，可以使我們瞭解人類與自然和諧共存的重要，努力尋求科技發展與生態維護的平衡點，並避免因「無知的民主」做出錯誤的決策，危害人類及賴以生存的地球。

2. 現行社會制度的起源、發展等相關知識，包括經濟制度、政治制度、法律制度、家庭制度和宗教制度等。透過這些制度的學習，我們可以瞭解過去人類如何改善制度以解決問題，並作爲解決今日問題的借鏡。舉例來說，人類爲保障自由人權建立了民主制度，民主制度施行的結果是否眞正保障了自由人權？當今民主制度面臨那些問題和挑戰？如何透過公民負責有效的參與來修正民主制度的缺點？此外，現行法律制度對人身、居住、言論、宗教、集會結社等各項自由權利有何規範？此種規範是否符合保障人權的正當性？人民如何在合法的範圍內行使應有的自由權利？人民應盡那些法律上的義務？凡此種種均爲參與民主政治不可或缺的知識。

3. 世界各種文化的發軔、特色及相關知識。學習瞭解人類爲解決不同的生存問題而發展出特色不一的文化，每一種文化都有獨特的功能性，因此，不同的文化之間只有差異性之分，並無優劣性之別，不應對異己的文化有好壞、優劣、敵友的分別心，而應嘗試異中求同，促進文化的交流創新，才能實現人類世界和平的理想。

4. 各種社會科學的基本原理，如：政治學、經濟學、社會學、心理學等。這些社會科學均重視事實，嚴格區分事實與推測兩者間的不同，並經過不斷的修正，累積許多客觀合理的通則，可以作爲思考、判斷的依據，因而它們不但本身是可靠的知識，同時也是判斷知識眞僞的標準，正可以作爲公民理性決策過程的重要參考。

5. 判斷價值的倫理和道德原則，如：正義、公平、平等、自由等。這些價值原則不但牽涉個人福利，也牽涉社會整體福祉，因此社會成員必須知道這些價值如何形成，以及公共事務決策過程所面臨的價值抉擇。

6. 當前社會及世界的主要問題，如：貧富不均、生態環境危機、國家認同、核武威脅、戰爭問題等。現代公民必須正視這些問題，並且充分瞭解這些問題的本質及可能的解決方向。

二、民主態度

民主態度是指社會成員實行民主時，必須具有的性格特點和思想習慣，這些態度會影響社會成員的外在行爲能否依循民主的理性、自治原則，並直接攸關民主政治的成熟穩定。茲將現代政治應有的民主態度分述如下：

1.懷疑完美：從人類文明的發展經驗中可以發現並無所謂「絕對眞理」的存在，因而，民主社會的成員在參與公共事務時需要培養一種態度，即絕不認爲任何有關政策、主義或道德原則的見解是絕對正確且完美的，也就是抱持批判態度，對一切重要的信念均堅持要客觀地加以審查。同時相信錯誤難免，一切意見都可能出錯，在未聽取不同的、對立的意見前，不對任何重大的議題作出決定。尤其在民主政治運作的過程中，我們常面臨不同政黨和政治人物彼此間對立的主張和政策，因此更需要審愼地檢視其可行性與優劣損益，適當時加以實踐的驗證。這種懷疑完美、不排斥任何合理進行實際驗證的態度，是民主生活必要的基本修養。

2.容忍差異：在民主社會中，基於「不能確知絕對眞理何在」的認知，因而必須採行相對主義的立場，也就是任何人的思想、意見都應該受到平等的尊重，不能認定只有某些自己認同的特定思想、主張、生活方式才是絕對正確。我們應該瞭解每一個人都是獨立的個體，個體與個體之間必然有差異性存在，而且也應當被容許擁有不同的價值判斷和生活抉擇，因此我們不僅要樂於保障他人自由選擇價值信念和生活方式的權利，甚至也要容忍他人以不同的信念和原則來批評、反對我們。尤其在政治運作過程若不能容忍差異，不但無法經由理性的討論獲致較佳的決策，甚且會產生壓制言論自由、戕害民主政治的後果，唯有社會大多數的成員都有容忍任何反對意見的度量，保障人民自由權利的民主政治方有實現的可能。

3. 尊重多元：現代社會由於進步使然而愈趨複雜化，每一社會都涵蓋許多不同的結構層面，各具自己的價值和成就標準，發展出獨特的宗教信仰、風俗習慣等次文化。身爲民主社會的成員，對這些來自不同層面的社會原則和規範應予以合理的尊重，不能預先主觀地排除某些特定的生活方式和價值理想；此外，也應該學習瞭解不同文化的價值系統，彼此在公平、平等的基礎上進行交流及互相調適，並從多元價值中尋求理性的共識。在各個次文化的獨特性與創造力都能獲得尊重的情況下，民主社會才會充滿活力，日益進步。

4. 願意妥協：任何社會都無法避免成員之間的利益衝突，民主社會亦然；爲了解決不同成員之間利益分歧的問題，民主國家的公民必須願意妥協。所謂的妥協並不需要犧牲原則，而是透過成員充分的參與和彼此的讓步，在解決問題的方法和行動的步驟上達成協議。如果社會中的成員彼此針鋒相對，不願妥協，則對立的各方必然會不惜代價，消滅異己取得勝利。換言之，如果社會的成員認爲維護自己的立場比維護自己所處的社會更重要，這個社會便有瓦解的可能；因而，沒有妥協，就不會有民主。

5.崇尚法治：對民主社會的公民而言，所謂的崇尚法治最主要的即是對憲法和法律的尊重。民主社會提供成員擁有保存差異性和多元化發展的權利，而公民則有遵守法律、忠於憲法的義務。民主社會的憲法和法律是基於保障人權，並經過民主的正當程序而制定的共同規範，若公民不能建立信守憲法和法律權威的習慣，暴民社會的亂局就可能出現；如此不但人權無法得到保障，民主政治也會因而解體。因此，公民應該養成尊重法律和憲政制度的態度，才能爲民主憲政奠立穩固的基礎。

三、民主技能

現代公民應具備的民主技能是指參與公共事務討論、決策過程所需的基本技能，主要包括下列四項：

1.資訊獲得及處理應用的技能，諸如有效利用圖書館各項檢索服務等。面對現代社會複雜多樣的公共問題，公民必須知道如何尋找、取得相關資訊和資料，並且能夠分析整理，去蕪存菁，以作爲思考判斷和決策的參考。

2.在公共討論或會議中，理解、歸納他人意見並且清楚表達自己意見的能力。具備此項基本技能才可以有效參與政治事務的過程，以實際的行動善盡公民義務，維護自身權益。

3.以書面文字表達意見的寫作技能，以便藉由投書報章雜誌等途徑，參與公共事務的討論，形成民意和輿論，影響政府的決策。

4.有效開會討論的技能，主要是指嫻熟「會議規範」，如：召開會議、提案、處理動議、會議辯論等議事程序和方法。民主社會的成員必須能熟練運用「會議規範」，遵守會議的遊戲規則，才可以透過理性的溝通，獲致解決公共問題的可行方案。

第三節　培養民主修養的途徑

民主修養並不是天賦的能力，必須經由後天有效的學習方可獲得。對正在專科學校就讀的學生而言，可以從以下四種途徑來培養民主修養：

一、選修相關課程

諸如哲學、邏輯學、文化人類學、社會學、政治學、經濟學、憲法、民刑法等學科，透過這些相關課程的學習，可以充實公民所需的基本知識和智能，儲備參與公共事務的民主修養。

二、廣泛閱讀相關書報雜誌

除了由學校課程獲得基本的民主知識智能外，也應該廣泛地閱讀相關的書籍和報章雜誌，瞭解公共事務的問題重心及性質，掌握社會發展的脈動，才能使自己的民主修養加深又加廣。

三、參與社團活動

民主的修養不能單從上課或書本中獲得，必須從實際參與去瞭解民主的運作過程，培養自己的民主態度和技能。因此，身爲學生應該要積極參與學校社團及學生自治組織，從社團自治幹部的選舉過程中學習提名、競選、投票等程序和宣傳、演講、辯論等技能，並從社團事務的推展中，學習溝通、協商、妥協的方法。除此之外，也可以從社團自治活動中學習依法（學生自治章程和校規）施政，培養崇尚法治的信念和習慣。此外，參加社團舉辦的議事規則訓練營、聆聽相關的專題演講等，都可以吸收知識，訓練民主的技能。

四、經常參與公共議題討論

經常與他人討論公共事務，不但可以增進公民政治參與的興趣，也可以培養尊重他人言論自由、容忍反對意見的民主風度。除了與同學、朋友等同儕團體進行非正式的互相討論外，亦可藉由課堂討論和正式的會議來訓練表達、辯論、協商的技能，進而使自己成爲稱職的現代公民。

綜括前述介紹，我們可以瞭解現代公民應具備的基本條件；而隨著時代環境的不斷變遷，民主修養的內涵也勢必更形複雜化。但是只要公民體認參與政治的重要性，願意隨時自我充實，即可以成爲負責任的公民；而有負責任的公民，才能夠造就負責任的民主政治，建立一個進步的現代化國家。

推薦進修書目

1. 聶崇信、朱秀賢譯，《民主概論》，臺北：臺灣商務印書館。
2. 郭秋永，《政治參與》，臺北：幼獅文化事業公司。
3. 許慶雄，《憲法入門》，臺北：月旦出版公司。

習　題

劉秀嫚

一、選擇題

1.(　)哪一位美國總統曾說：「社會的最後決定權必須交給人民自己掌握，此外，別無更安全的寄託處」？①華盛頓　②傑斐遜　③林肯　④羅斯福。

2.(　)民主是一種生活方式，其主要特徵在於：①尊重個人尊嚴　②容忍懷疑差異　③重視權利平等　④以上皆是。

3.(　)民主的社會中，人民須能夠容忍差異、尊重多元文化，此乃所謂的：①民主知識　②民主態度　③民主技能　④民主責任。

4.（　）民主的社會中，人民須不斷的自我充實，以有效監督政府，故應具有：①民主知識　②民主態度　③民主技能　④民主責任。

5.（　）民主的社會中，人民須有討論、批評與辯論的才華，此乃所謂的：①民主知識　②民主態度　③民主技能　④民主責任。

6.（　）以下何種科目不屬於社會科學的範疇之中？①生理學　②經濟學　③心理學　④政治學。

7.（　）以下何者並非當前世界人類共同的危機問題？①核武發展氾濫　②生態環境危機　③貧富不均現象　④黃金產量遞減。

8.（　）以下何者並非民主修養的內涵？①民主知識　②民主態度　③民主技能　④民主專利。

9.（　）我們可以透過何種課程的選修，充實公民自己所需的基本智能？①哲學　②邏輯學　③政治學　④以上皆是。

10.（　）篤信自由價值與重視權利平等，乃：①傳統　②民主　③奴隸　④封建　社會的特性。

二、填充題

1. 雅各・巴任（Jacques Barzun）：「______的質量可以在餐桌上、起居室中加以檢驗」。
2. 民主的社會主張以「______代替打破頭」的信仰，並求取社會成員能普遍接受的最大______。
3. 正義、公平、平等與自由等，乃判斷價值的______和______原則。
4. 在民主社會中，必須採取______的立場，也就是任何人的思想、意見都應該受到平等的尊重。

5. 崇尚法治最主要即是對＿＿和＿＿的尊重。

6. 公民若不能建立信守憲法和法律權威的習慣，＿＿的亂局就可能出現。

7. 民主修養的內涵範疇可歸納為＿＿、＿＿與＿＿等三大範疇。

8. 現代公民應有的民主態度有：懷疑完美、＿＿、＿＿、願意妥協與＿＿。

9. 民主技能是指公民參與＿＿討論、決策過程所需的基本技能。

10. 民主知識能力並非是天賦的，主要是靠後天的＿＿和不斷的自我充實。

三、申論題

1. 現代公民應具有哪些民主技能？

2. 培養民主修養的途徑為何？

活　動

大家談——我見我聞話民主修養

韓青菊

一、活動目標

瞭解並培養民主修養。

二、活動過程

1. 準備活動

(1)教師預擬座談會討論題綱（見補充資料），一週前發給學生蒐集資料。

(2)遴選主席及學生代表數人。

2. 發展活動

(1)主席引言：「民主政治——是傳統中國文化中較欠缺者之一，而隨著時代演進，如今卻已成爲人們的一種生活方式，但環視國人的民主修養卻仍落於先進國家之後。在此，我們一方面就國外旅遊所見所聞，提出供同學們參酌學習，一方面自我檢視反省，期能迎頭趕上，成爲眞正民主化的現代國家」。

(2)發表活動：學生代表就討論題綱發言。

(3)全班討論：全班同學就討論題綱或學生代表發言內容自由發表意見。

3. 綜合活動

(1)主席綜合同學們發言內容歸納出結論。

(2)教師就本次活動過程及座談會較有爭議之論題加以講評。

三、活動補充資料：討論題綱

1. 國外旅遊民主見聞。

2. 體檢國人民主修養

(1)家庭生活篇：如親子相處之道、父母管教態度及方法等。

(2)學校生活篇：如校園倫理、班級經營方式等。

(3)社會生活篇：如我國的「議場文化」、人民請願訴願方式等。

第四篇　職業道德

第一章　工作觀念

張樹倫

我們大多數的人一生中有三、四十年以上的時間在工作，如果從更廣的角度來看，人的一生除了孩提時代外幾乎都要工作，許多人雖然從某一個職業中退休，但是他很可能爲其退休後的歲月另外安排了目標努力以赴。工作可以說是我們生命中最珍貴的資產，家庭、子女需要靠它來維持，甚至個人的財富、地位、名譽、友誼，乃至人生經驗與生命智慧也是由工作中產生或獲得的。無怪乎傅洛依德（S. Freud, 1856-1939）要說：「人類生存的基本要求，就是愛與工作」。

第一節　工作的意義

從最狹義的觀點言之，工作本指一種謀生的行爲，是以勞力換取金錢，以維持生活的活動。從歷史的發展而言，古希臘時代，認爲身體勞動是加諸人類的詛咒，是人類獨立意志的大敵；希臘文中 Ponos 意思是「工作」，也同時是表示「受苦」，當時的思想家認為唯有音樂和冥想才是人類生活的最高境界。羅馬時代則受到基督教《舊約聖經》的影響，認為工作是對人類原罪的懲罰，藉由工作人們得以贖罪，重獲心靈的尊嚴。然而此一時期工作除了贖罪以祈求獲得原宥外，並沒有任何實際的價值。直到中世紀時著名的經院哲學家湯瑪斯．阿奎那（St. Thomas Aquinas）根據人的職業和工作來排定理想的社會階級，職業的貴賤則依其對社會貢獻的大小而決定。此時工作才有了價值。宗教改革時期，馬丁．路德（Martin Luther）認為工作是服侍上帝的方法，透過工作將人類精力妥善的轉化到物質世界，因此工作是神聖的。喀爾文（Calvin）則更進一步認為工作是上帝的旨意，努力工作才能取悅上帝。基本上，仍是深受基督教思想的影響。

直到近代，人們才捨棄工作是取悅上帝、尊崇上帝的觀點，轉而從人類自身的觀點出發，重新檢視工作的意義。認為工作是一種費力的、需要技能的生產活動；是一種以目標為導向的活動。工作不僅使人們得以維持生存，更進一步的可以滿足自我，實現自我。透過工作表現個人價值，給予一個人地位，並將他與社會生活連結起來，可以說工作是一個人生活的本質部分。

第二節　工作的功能

工作是人生中不可或缺的一部分，到底工作具有何種功能，使得絕大多數的人類無論喜歡與否都必須工作呢？

一、維持生存

傳統的工作觀認爲：工作是爲求生存所做的活動。從這個觀點，顯示了工作的第一種功能——一種經濟性的，維持生活，而不得不爲的活動。事實上這也是許多人工作的重要目的之一，人們透過工作賺取報酬以維持自己和家人的生活，並進一步提昇生活的品質，這是工作的物質性功能。這項功能尤其在社會的下層階級特別明顯。從整體社會的層面而言，工作的成果是生產了各種社會所需的財貨或勞務，滿足了整體社會的生存需求，也帶動了人類文明的發展。

二、肯定自我

德國哲學家海德格（Martin Heidegger）曾說：「你就是你自己的工作」。因爲工作是一種有目標的活動，追尋目標使人們認淸自我，而工作的成果更代表了一個人的延伸，因爲別人所知道的你，以及你所認識的自己，正是經由你所從事的工作，創造的成果來瞭解與定義你的。再沒有比一個人的工作或作品，能更生動鮮活且獨特的代表他個人。例如當我們提到張大千或畢卡索時，第一個映入腦中的意念是「有名的畫家」，當我們提到貝多芬或莫札特時，會立刻聯想到「著名的音樂家」，當我們提到孔子或蘇格拉底時，「偉大的哲學家」的印象便自然凸顯出來。這些例子不都說明了工作是最具體的符號，最能淸晰地描繪出「自我」。肯定自我這項功能也正足以說明何以有許多人在經濟上並無需要時卻仍然願意努力工作。例如在國外有些人中了高額彩金，國內有些人中了愛國獎券特獎或六合彩，在金錢上不虞匱乏，但是他們仍然繼續工作。這表示工作的功能絕不僅限於物質性或經濟性的賺取酬勞以維持生存，而是經由工作，個人得以肯定自我，他人也得以藉此定義你這個人，肯定你這個人。

三、社會歸屬

工作不僅提供物質報酬，生產社會所需的貨品，另外也將個人連結於社會的網絡之中。由於人是群居的動物，不能離群索居，依據心理學家馬斯洛（A. H. Maslow）需求理論❶的說法，人

❶ 馬斯洛（A. H. Maslow）的需求理論主要在說明，人類的所有行為係由於「需求」所引起。他並把人類的需求分為六類，同時這六類需求具有層次關係。

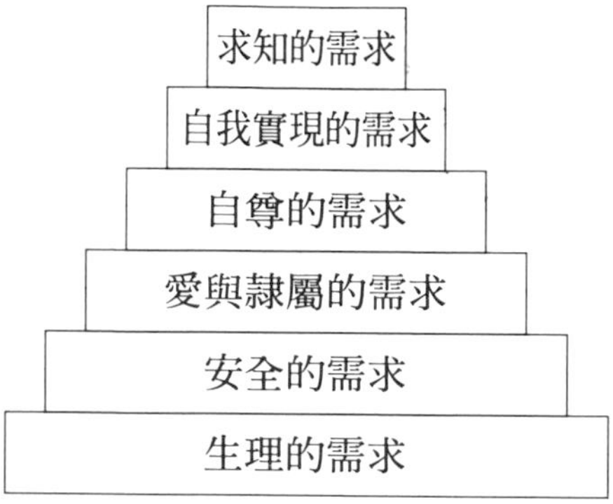

愈低層次的需求，其普遍性愈大，個別間差異愈小，較高層次的需求，變化多，個別間差異也較大。

類滿足生理、安全的需求後，會進一步要求歸屬感，希望得到友誼，獲得團體的接納，尋求名分與地位。透過工作，在競爭或合作中，人們與同事間建立情誼，獲得工作團體的接納，產生歸屬感，擁有被需要的感覺。工作活動提供了交誼和社會生活，提供人類社會性的報酬。許多工業心理學家研究發現：大多數的人覺得能在工作上和別人往來，作起事來更帶勁。某些類型的工作之所以令人難以忍受，原因在於該項工作對工作的人而言是毫無意義的，或因爲它經常是在無法交談的環境下進行的。這些發現適足以說明工作的「社會歸屬」的功能。

第三節　正確的工作觀

工作是人類生活不可或缺的一部分，但是我們常見到有些人整日抱怨不已，認爲自己學非所用、用非所學，或是覺得自己大材小用；有的人一踏進他的工作崗位就開始等待著下班的鈴聲；然而有些人則是每天神采奕奕的在工作崗位上努力做好分內工作，不僅享受到工作的樂趣，也贏得了社會地位和他人尊敬。同樣是在工作，何以竟有天壤之別呢？原因在於是否擁有正確的工作觀。我們都希望做工作的主人而非工作的奴隸，因此在工作之前應先建立正確的觀念。

一、態度積極

——你認爲自己是怎樣的人，你就是怎樣的人

當口袋中只有一塊錢時，樂觀的人會說：「幸好我還有一塊錢」。悲觀的人則會說：「完了，我只剩一塊錢」。這就是態度不同所產生的結果。醫學與心理學的研究顯示積極的態度能夠激發高昂的情緒，幫助我們忍受痛苦，也能刺激腦啡❷的分泌，激發樂觀和幸福的感覺，這種感覺又反過來增強了積極的態度，形成一種良性循環。態度積極的人，充滿精力與幹勁，也易於與同事間建立關愛之情，面對工作能夠熱情有勁，做好自己分內的事。面對工作中的困難與障礙，也能積極的謀求解決之道。教育家普林（Edward Pulling）說過一個故事，其內容是：中古時代，一位工頭到工地巡視，他問一位工人：「你在做什麼？」工人不耐煩的回答：「你沒看見我在劈石頭嗎？這眞是一份令人厭煩的工作」。工頭又問另一位工人相同的問題，第二位工人回答他：「我在劈石頭並依建築師的規定組合起來，這個工作很辛苦，但足以使我養家活口」。工頭又問了第三位工人，工人雙手舉向天空說：「怎麼？你看不出來嗎？我正在建造一座大教堂啊！」

你要用何種態度面對工作，面對人生呢？

二、設定目標

——沒有目標的人，就像無舵之船，永遠到不了目的地

❷ 腦啡（Endorphins）是一種人體自行製造的天然嗎啡素，由大腦分泌，在腦部和脊髓等特定的部位活動。腦啡的作用能減輕痛感，過濾令人不快的刺激物。研究顯示，抱持樂觀的想法和積極的態度，可以刺激腦啡的分泌。

射箭必須有箭靶，賽跑必須有終點，要達到目的地，必先要知道自己究竟要往何處。在我們求學的過程中，總會爲自己設定目標，如國中階段的目標在考上高中職或五專。同理在工作時也應該給自己設定目標，有了目標才能以積極的態度向前邁進。目標的設定不可好高騖遠，但是也不宜垂手可得。垂手可得的目標，不具挑戰性，失去設定目標的意義；好高騖遠，不切實際的目標，則宛如天上的星星，永遠達不到，也就激不起人的鬥志。因此在設定目標前，應該先瞭解自己的性向、興趣及能力，擬定適當的、明確的目標。所謂成就，就是逐漸實現這些目標，當你瞭解自己做的正是最適合自己的工作；努力以赴的結果也爲你贏得別人的尊敬時，幸福快樂之感乃油然而生。目標是賦予生命動力的引擎，沒有目標，工作和生活便失去意義，一切努力亦屬徒勞了。

三、充實技能

——萬貫家財，不如一技在身

工作是一種需要技能的生產活動，所有有目標的工作都必須用到技能。技能的需求有簡有繁，一位體操選手，要有良好的平衡感、韻律感，也須要練習各種高難度的技巧。一位垃圾清潔工，在清除市街垃圾時，也有一定的方式和技巧，這些就是技能。各種不同工作需要的技能難易有別，要在工作上勝任愉快，就必須充實工作技能。尤其在今天資訊化、專業化的社會，更要時時接受新知。那些以爲從學校畢業就算結束教育的人，往往在工作上只能原地踏步，拿低薪，擔任自己不滿意的職務。在今天愈是需要專業技能的工作，專業人員的「過時率」❸也較高，因此不僅在學校中要努力學習專業知識和技能以備就業之需，就業後更必須經常吸收新知識，學習新技能，讓自己不被時代淘汰。

四、全力以赴

——埋藏才能就是浪費才能

有了積極的態度，訂定確切的目標，具備充足的實力，接下來要做的是「全力以赴」。不管做什麼事，擔任什麼職務，都要全力以赴，做好分內工作。許多人做一行怨一行，也有的人認爲自己大材小用，輕視自己的職位，不肯努力以赴，這些人終將是失敗者。演藝圈中流行一句話：「沒有小角色，只有小演員」。人生如戲，不論扮演的是主角、配角或是龍套，都應盡力扮演好自己的角色。在工作上不論是掃街工人、公司經理或是國家元首，都要全力以赴，唯有做好眼前的事，才能迎接更大的挑戰。

❸　過時率是指專業工作人員在畢業離校之後的時間與其專業知識過時的比率，根據美國賓州州立大學杜賓教授(S. S. Dubin)的研究指出：從學校畢業五年後，一位工程師或醫師的專業知識即有過時之虞；同樣地，五至十年後的程式設計師、十年後的心理學家、或八年後撰寫物理學上新實驗的作家，都將過時。因此，他建議每個人每天應把百分之二十的工作時間，用於吸收新知，使自己不致被時代淘汰。摘自迪梅爾、蘇茉菲著，李淑嫻譯，《生涯挑戰一〇一》，天下文化出版公司，第三三～三四頁。

正確的工作觀將是我們踏上成功之路的墊腳石。

第四節　就業前的準備

專科學校是職業教育的一環，以教授應用科學與技術，養成實用專業人才爲宗旨，因此專科學校學生畢業後將面臨就業的挑戰。在瞭解工作的意義，建立正確的工作觀念後，仍需在就業前有充分的準備。

一、心態的調適

在校園中，我們的成就是以分數來衡量的，知道的越多分數就越高。在求職時文憑與成績單也確實是謀取工作職位、待遇的敲門磚，但是一旦就業之後，在工作方面的成功與否將取決於我們會什麼，而不是知道什麼。就業前，必須在心理上有所準備。

二、職業的選擇

進入就業市場時，須衡量自己主觀的條件，如興趣、能力，以及社會客觀環境的需要。在職業的選擇上，不要將焦點只放在薪資報酬上，要仔細瞭解工作的性質與未來發展性，公司的制度是否健全，福利是否完善，這些遠比薪水多寡更重要。擇業前宜先做瞭解。

三、履歷的撰寫

履歷表是你與外界的通訊，它雖不會爲你贏得工作機會，卻能爲你爭取到面談的機會。履歷表的內容包括：

1.個人基本資料：如姓名、性別、年齡、住址、電話、興趣、專長等。

2.學歷：如教育程度、學校名稱、科系名稱等。

3.工作經驗：如曾經任職的機關行號名稱、擔任工作內容等。

此外也可將參加的專業社團或業餘組織，曾獲得的榮譽、獎勵列出。所提供的資訊愈多，愈可能吸引對方的注意。

撰寫的原則是簡單扼要，一目了然，切忌寫錯別字。如用電腦打字，應注意版面清新；如用紙筆書寫，應注意字體工整。

四、面談的準備

1.面談前：面談前應先收集前往應徵公司的各種資料，如公司的組織、目前的狀況、面臨的困難、迫切的需求及未來工作上的問題，起薪、福利等事項。瞭解愈多、愈深入，愈能顯示你是有備而來。

2.面談時：前往面談務必守時，甚至可以提早到達，給予自己穩定心情的緩衝時間。在服裝儀容方面，宜樸素大方，注意言談舉止的禮貌。態度要誠懇自信，唯有自尊自信才能引發他人的尊重和信任。注意聆聽，不打斷主試者的話，不過早做判斷，回答問題有條理、有系統，均能令人產生良好印象。

3.面談後：面談結束後，應該寫封信謝謝主試者，表明面談的收穫，及對該份工作的喜愛，以加深用人主管的印象，提高錄用的機會。即使未蒙錄取，也可能因這封謝函，使人事主管在原錄取者另有高就時，優先錄用你。

「工欲善其事，必先利其器」，做好了萬全的準備，方能在人生的戰場上作一番衝刺。學生在學校中應該努力求學，學習專業知識與技能，充實工作能力。畢業後可選擇升學或就業。升學仍是爲未來的就業做準備。就業則展開人生另一段旅途。不論未來工作性質爲何，均應以積極的態度，爲自己設定目標，時時充實技能，向著目標全力以赴，享受樂在其中的滋味。

推薦進修書目

1.內政部職業訓練局編印，《導正職業觀念論文選輯》，民國七十三年。
2.行政院青年輔導委員會編印，《大學院校各系組畢業青年職業專長簡介》，民國七十三年十二月。
3.丁錫鏞主編，《就業・轉業指南》，臺北：嵐德出版社，民國八十一年六月。
4.施坤鐘編，《奔向未來》，臺北：行政院青年輔導委員會，民國七十六年。

習題

劉秀嫚

一、選擇題

1.(　)傳洛依德曾說：「人類生存的基本要求就是①食與性　②愛與競爭　③愛與工作　④工作與休閒」。

2.(　)古希臘時代視身體勞動爲：①贖罪的方法　②加諸人類的詛咒　③取悅上帝的方法　④維持生存的手段。

3.(　)工作生產了社會所需的財貨或勞務，滿足整體社會的生存需要，這是工作的：①社會性　②精神性　③物質性　④自我實現性　功能。

4.(　)許多中了高額彩金的人仍然繼續於他的工作崗位上努力工作，這是因爲工作提供了他：①自我肯定　②物質性　③政治性　④經濟性　功能。

5.(　)馬斯洛的需求理論認爲一個人在生理、安全的需求獲得保障後會進一步要求：①自我實現　②歸屬感　③自尊　④探求人生的根本問題。

6.(　)工作的第一種功能爲何？①社會歸屬　②肯定自我　③造福世界　④維持生存。

7.(　)傳統的工作觀認爲，工作的功能在於：①維持生存　②肯定自我　③社會歸屬　④造福世界。

8.(　　)羅馬時期認爲工作是：①加諸人類的詛咒　②取悅上帝的手段　③維持生存的方法　④贖罪的方法。

9.(　　)中世紀經院哲學家湯瑪斯・阿奎那曾主張什麼原則，將社會分成不同的理想階級？①財富與名位　②名位與職業　③職業與工作　④工作與教育程度。

10.(　　)就業前的準備，以下列何者最爲重要？①選擇酬優的工作　②履歷表的撰寫　③心態上的調適　④技能的充實。

二、填充題

1. 從最狹義的觀點言之，工作乃指一種______的行爲。
2. 希臘文中 Ponos 意指______，也同時表示______之意。
3. 西方宗教改革家馬丁・路德（Martin Luther）認爲，______是服侍上帝的方法，因此______是十分神聖的。
4. 簡言之，工作的經濟性功能，在於______。
5. 正確的工作觀包括了態度積極、設定______、充實______與全力以赴的觀念。
6. 俗話說得好，「家財萬貫，不如______在身」。
7. 當您欲進入就業市場前，須衡量自己______的條件，如興趣與能力，以及社會______環境的需要，才能有利於職業的選擇。

8. 擁有正確的______，是我們踏上就業成功之路的墊腳石。

9. 專科學校是______教育的一環，以教授應用科學與技術，養成實用專業人才爲宗旨。

10. 專業工作人員在畢業離校之後，因時間與其專業知識而產生脫節的現象，稱之爲______。

三、申論題

1. 工作的功能爲何？

2. 何謂正確的工作觀？

活動

市場調查——窗外有藍天

吳美嬌

一、活動目標

瞭解就業市場及人力條件。

二、活動過程

1. 課前準備：將學生分組，調查本科系畢業後的就業行業，其就業條件（如細心、耐心、表達能力、專業知識）及管道（如培訓機構或需何種考試資格）及未來展望（如發展潛力、昇遷等）。

2. 訪查報告：每組就調查結果提出報告。

3. 疑難解答：學生就報告內容質疑，由報告組或教師解答。

4. 教師講評：教師補充說明我國經濟發展趨勢（參閱《臺灣經濟四十年》，天下文化公司出版）。

5. 結束活動

(1)教師抽點學生詢問其將來可能選擇的行業，並說明自己具備的可能條件及待努力充實的條件，澄清學生的選擇。

(2)教師推薦《天下》及《遠見》雜誌供學生課後參閱。

第二章　敬業精神

李義男

「鐵杵磨針」是信心和毅力的表現。我國唐朝名詩人李白，在年少時不認眞求學，喜歡在街上逛蕩。有一天在街道看到一位老婦人，手上拿著一支鐵桿，弓腰低頭，專心地在一塊大石頭上認眞地磨著。李白問她在做什麼。老婦人回答說：「我要把這支鐵桿磨成針」。李白聽了非常感動，從此立志發憤求學，果然成了著名詩人。今天，我們的社會進步，科技發達；人們逐漸養尊處優，免去許多勞力，但也因此過分依賴機器，而損傷個人的自信和意志力。我們要結合先進科技與昌明人文，促進社會繁榮和謀求個人幸福；必須尋回淳樸的胸懷和回歸腳踏實地的做事方法。

第一節　敬業精神的意義

敬業精神是指一個人對自己要做的事能專心投入；對自己該做的事能奉獻全心全力，直到把事情做好爲止。我們要知道要做什麼，怎麼做才對，並且有耐心地做到令自己滿意。因此，敬業精神包括認清工作角色、瞭解工作意義和目的，以及確定人生發展的方向。

人生各階段都在扮演各種角色，例如：學生、家人、工人、公民、休閒人等。我們都要知道自己如何演好這個角色，也要瞭解做這件事對自己或家人或社會的意義；衡量自己的能力，再確定要達成的目標和投入的心力。完成一件件工作就能逐步實現人生的目的。做事情都有因果關係，不良的決定會給自己以後帶來壓力和煩惱。先前不做或沒有學好的事，事到臨頭還是要再重新學會才能做好。因此，每個人應儘早確定短期的人生目標，認眞去做，才能逐漸成長。如此，工作角色、工作定向和人生發展是敬業精神的三個穩固的基石。

第二節　服務人生觀與敬業精神

人生觀是一個人要扮演人生角色，編組自己的人生經驗，和決定生活方式的看法。人生觀可分爲生產性和消費性。前者從事創造和改善個人的活動；後者注重享用個人資源的品質。雖然兩者都具有人生正面的意義，但是生產性的人生觀需要付出更多的心力，也會帶來較多的回饋。例如：工作的報酬、職位的昇遷、社會的讚美、人們的感激。沒有再比工作可以給人們帶來更多滿足人性需要的事物。而人類社會之能進步，是依靠人人工作。因爲工作是以利他爲先，利己爲次。

雖然人們工作有時是爲了賺錢維持生活，但是我們應先讓客人滿意，老闆賺錢，我們才有薪資收入。同樣地，我們也要先遵守上級規定的服務品質，才能保有工作。如此，工作本質就是服務。好好地工作就是生產性的服務人生觀。雖然休閒主要是利己，用來充實自己，但若能善用個人休閒，增進個人知能，或投入義務工作，如家務或社區服務活動，則也是生產性的人生導向。無論如何只要認眞做事就具有服務的人生意義，造福人群的敬業精神。敬業精神是服務人生觀的運用。

服務人生觀並非一蹴可及。每個人在人生追求上，時常出現掙扎期，工作和個性和理想並不一定配合。例如就業時只注重興趣，但工作以後才發現在交通、住宿、人際上的問題，因此不得不放棄興趣而屈就現實。人們往往經過摸索成長以後，爲了理想而再接受教育與訓練。也有人一直在找比較好的工作，但又要解決目前生活，只好找一個試一個工作。由於個人對人生目的的執著和容忍掙扎的程度不同，其敬業精神也不一樣。但是人生的掙扎期並非都是消極意義。在掙扎期反而可以測試自己的知能和毅力。善於運用這段生活的磨練，可以創造生活的意義和享用人生的樂趣。服務人生觀需要鍛鍊，敬業精神需要培養。

第三節　工作動機與敬業精神

工作動機是一個人的工作意向和實際行動兩者間的整合。敬業精神表現出強烈的工作動機。

我們想做的事很多，如果要每樣都去試試是不會專心投入的。因爲工作的意義和目的不清楚，意向不明，則動機會消失。如果工作有了定向，努力去做則逐漸會成長與發展。敬業精神與工作動機是息息相關。

一個人的工作定向並非一直不變。許多被看好的工作，做了之後才發覺不一樣，因此努力的程度會改變。如果想在同一工作中求發展，則需要一段盤整期。就是說在感情方面，可能會往下盤旋消沈，經過下列七個階段才能克服與發展新的定位：(1)覺得驚訝而不能適應；(2)感覺失望、焦慮或挫折；(3)憤怒，對自己或環境不滿；(4)覺醒，找尋新的目標；(5)嘗試新方法；(6)恢復積極的參與；(7)適應和整合工作和個性。在失望和焦慮中，人們應學會溝通。在憤怒中要分析原因，覺醒要學會拋棄舊的作法。嘗試新方法應評估和比較。最後階段更須有執行的決心和能力。

工作動機不僅是配合和順應工作；它應改善工作條件和環境，提昇工作性質來符合自己的要求。因此敬業精神是具備強烈的工作動機，不斷發展自己和工作。可是在做事之前若能愼重考慮，再確定工作意向，隨時在做事過程中調整方法和適當努力，則能減少意向和行動間的差距，避免缺乏信心和興趣，因而降低工作動機而損及敬業精神。敬業精神是工作定向，實事求是的結果，和未來發展的動力。

第四節　生活定向與敬業精神

青少年生活上的定向主要是自我與職業的定向;分別在人際關係、生活方式、權力控制、物質生活安定等方面求發展。因此每個人都受到個人自信和信任人、知能發展、個人嗜好、人格之獨立和創造力、自制能力,以及對金錢和物質需求等程度的影響。這些生活上的追求方向就構成一個人的生活態度和價值觀。正常的生活發展是淸楚而穩定,持續而漸進的成長。到了成年階段,每個人又面臨工作和生活的再定向;必須在社會責任、工作要求與個人需要等三方面整合一套生活方式。如果三者協調配合則生活才能滿足。而滿足於生活是努力工作的推進器,是敬業精神的資源。

如果人生的目的是在追求生活的滿足,那麼個人生活是否滿足是受下列情況的影響:(1)婚姻狀況;(2)家庭責任;(3)工作上滿足;(4)私人生活方式;(5)個人的理想。因此,同樣的工作可給各人不同的滿足程度。其他如教育和個人生活經驗也有影響,但非絕對的。眞實和合理的生活要求才是關鍵。性別一直被認爲對生活定向有影響,但是在現代社會主張男女平等,以及每個人都需要在家庭和工作生活上順利圓滿下,事實上是人格傾向所致。重視人際關係的感情因素的人,喜歡照顧別人和需要他人的關心,這些人傾向於家庭生活的滿足。具有獨立性格,以目標爲導向,重視成就感的人喜歡在工作上發展。爲了追求家庭生活和工作發展雙方面滿足，人生在不同階段必須作自我調適，或與家人合作協調。因爲人的生活面是互相影響；家庭與社會生活有密切關係，個人的工作又與社會責任互動。因此，家務與工作兩方面都要專心投入，妥善治理；都要有刻苦耐勞的敬業精神，才能締結工作順利和家庭幸福的人生目的。

第五節　工作適應與敬業精神

工作有基本的性質，而各項工作也各有不同的特性。能夠適應工作的特性才能表現敬業的精神。不分賺取利益或義務的工作，工作本身就具有一些本質。認淸這些本質是我們做事的基本態度。工作共同的本質如下：

1. 工作是實際在做的事。除了少數文藝工作依賴幻想和沈思以外，幾乎所有工作都要眞正去做，身心配合，在場活動。
2. 工作是達成目的的方法。人們透過工作而得到預期的精神或物質的回饋與報酬。
3. 在工作上每個人的影響力不同。各人因工作上接觸面的大小或負擔責任多少而有不同的影響力。
4. 人格會影響工作的素質。各人的興趣、能力、適應程度會影響工作的效率和服務品質。

5.工作環境影響工作的執行。同樣工作在不同條件和氣氛下進行，會產生不同的成果。

6.工作是人與事之間的互動關係。每項工作都涉及人與人之間的互動，和人事上的安排。這些可以幫助工作，也可能產生工作壓力。

在做事時每個人必須認淸自己是在工作，必須注意上述工作本質。除外因爲各項工作在處理事務、對待顧客和應用資訊上有不同的方式和層次，人們還須注意自己工作的特性，然後發揮能力和智慧去克服問題而能適應發展。人們在工作上不能適應的原因大致如下：

1.個人的不實際心態以致於工作不力。

2.擔任該項工作的知能不足。

3.工作時過分緊張、焦慮，反而做不好。

4.持續疲勞而降低工作效率。

5.個人性格不適合該項工作，不能接受工作

圖九　業精於勤

環境。

6. 個人生活和工作角色衝突而產生壓力。

7. 缺乏整體看法以致判斷不確實，誤導工作方向。

8. 不適當的工作指派和監督環境而難以適應。

以上各項原因，除最後一項是外在因素外，其餘都是自己要去努力適應。無論擔任新或舊工作，各人應依工作特性的演變設法適應。隨時要改善自己的態度和知能，才能適應不斷變化中的工作環境。工作在變化，個人也隨之進步成長。敬業精神是個人成長和發展的工作適應的具體表現。

第六節　人生發展與敬業精神

人生發展應建立在持續穩定的個人成長基礎上。發展就是各人有成就和勝任感，有能力解決生活上的問題，做事就有成就感；把事情認眞做好，就產生有能力的價値感。擁有這種感覺，不斷實際去體會成長經驗，就是敬業精神的發展。人生的發展有具體的方法可以採用。這些發展方法可歸納爲下列各點。

1. 擔任固定的職務愈久，個人愈有權力感。

2.必須認同自己的工作才會努力去做。
3.應用溝通能力去發揮個人的影響力。
4.要實際行動以表現出敬業態度。
5.愈要參加同業公會或專業組織，愈能增進專業知能。
6.必須充實自己，才能往專業的高深精湛發展。
7.親身參與必要活動才能眞正充實能力。
8.要肯定自己、認定自己，才能產生人性價值。
9.不斷激勵自己才會產生發展的能源。

人生長期的發展是與敬業精神的提昇相輔相成的。從持續的工作中生根再深入穩固；由活動中發展橫面的關係充實自己，不斷向上發展；從參與中認定自己、認同工作，並激發自強不息的奮鬥精神。

敬業精神是服務的人生觀，強烈的工作動機，眞實的生活定向，良好的工作適應，和人生持續的發展。無論做什麼該做的事都應任勞任怨地貫徹到底。從前有一位正義人士想拯救墜落的蘇丹城。他所能做到的事僅是沿街叫喊，從一個市場到另一個市場去演說：男、女士們，你們應該懺悔！你們的行爲是錯的，這將毀滅你們了。人們聽了都嘲笑他；後來就沒人理他。但是這位正義之士繼續做下去。直到有一天，一位孩童對他說：可憐的人！你知道這麼做沒有用處的嗎？他回答說：我知道。孩子又問：那你又為何還繼續這麼做？正義之士回答：當初我是認為我可以改變人們，但是現在是因為我不讓他們來改變我。敬業精神需要堅定的信念和執行的勇氣，應用自己的資源和經驗，從事人生的發展。

推薦進修書目

1. 羅文基著，《教育・訓練與人力發展》，高雄：復文出版社，民國七十五年。
2. 陳秋發譯，《小聰明大學習》，臺北：允晨文化出版社，民國八十三年三月。
3. 何長珠主編，《職業輔導論文彙編》，臺北：大洋出版社，民國七十年九月。
4. 金玲編，《我們的天空》，臺北：行政院青年輔導委員會，民國七十四年。

習　題

劉秀嫚

一、選擇題

1.（　）「鐵杵磨成繡花針」的故事，說明了什麼的表現？①技術與細工　②信心和毅力　③節儉與堅持　④志向與興趣。

2.（　）以下何者不包括在敬業精神的涵義內？①瞭解工作意義　②認清工作角色　③確定人生志向　④重視工作報酬。

3.（　）工作應有「利他爲先，利己爲次」的敬業精神，也是一種：①服務　②重利　③義務　④消極　的人生觀的表現。

4.（　）個人工作意向和實際行動兩者間的整合，稱之爲：①工作需求　②工作情緒　③工作動機　④工作情操。

5.（　）青少年生活上的定向主要是其自我與何者的定向？①物質　②權力　③職業　④人際。

6.（　）個人的生活是否滿足，受何者因素影響？①個人的理想　②婚姻狀況　③工作上滿足　④以上皆是。

7.（　）個人會影響其工作效率和服務品質的因素，以下何者的影響較不相關？①興趣　②身材　③能力　④適應力。

8.（　）人們在工作上所以不能適應的「外在因素」爲何？①工作的知能不足　②工作時過分焦慮　③持續疲勞降低工作效率　④不適當的工作指派。

9.（　）哪一種「特質」與敬業精神最具密切關連？①學歷　②性別　③操守　④階級。

10.（　）簡言之，工作的本質就是：①生活　②利益　③競爭　④服務。

二、填充題

1. 敬業精神的三個穩固基石爲＿＿＿＿、＿＿＿＿和＿＿＿＿。
2. 從事創造和改善個人的活動，稱之爲＿＿＿＿的人生觀。
3. 注重享用個人資源的品質，乃屬＿＿＿＿的人生觀。
4. ＿＿＿＿是服務人生觀的運用。
5. 人生的目的是在於追求＿＿＿＿的滿足。
6. ＿＿＿＿是個人成長和發展的工作適應的具體表現。
7. 人類社會之能進步，是依靠人人＿＿＿＿。
8. 敬業精神表現出強烈的工作＿＿＿＿。
9. 工作和生活的「再定向」，必須在＿＿＿＿責任、＿＿＿＿要求與＿＿＿＿需要三方面去整合。
10. ＿＿＿＿是工作定向、實事求是的結果，和未來發展的動力。

三、申論題

1. 敬業精神的內容爲何？
2. 試列舉人們在工作上不能適應的四種原因。

活動一
工作特性評量

李義男

一、活動目的

澄清自己喜歡的工作，省察自己對工作的價值判斷，練習工作的定向和人生的發展。

二、活動目標

1. 選擇三個自己喜歡的工作。
2. 評量各項工作的特性。
3. 評估自己的工作價值。
4. 暫定自己的職業方向。

三、活動程序

1. 從工作列單（附件一）中選擇三項喜歡的工作，或自己加塡喜歡的工作。
2. 依照工作特性量表（附件二）的尺度，評量三項喜歡的工作。
3. 計算各人三項喜歡工作特性的積分。分析比較特性的分數高低，瞭解自己的工作價值。
4. 分組討論各人所選職業群的工作特性和個人的工作價值。

5. 教師和全體學生共同回饋和增強各人的職業發展工作，分析人生發展上的問題和解決方法。

四、附件一　工作名單

銀行員　電腦工程師　演說家　公司經理　旅遊業　作家　手藝業　傳教士　諮商員
小地主　公務員　教師　醫護士　零售商　律師　其他自塡

五、附件二　工作特性量表

特性	很高3	高2	普通1	高2	很高3	特性
1. 工作固定						彈性工作
2. 接受監督						獨立工作
3. 系統作業						人際關係
4. 固定位置						變化移動
5. 保守維持						創造更新
6. 嚴肅工作						輕鬆愉快
7. 單獨負責						分擔責任
8. 薪資報酬						福利措施
9. 場所固定						可選場所
10. 外在認定						自我認定

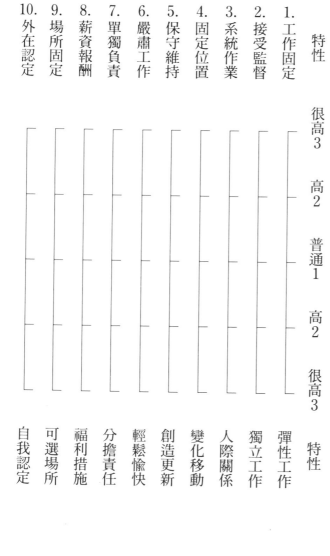

註：每一項工作只能在尺度適當地方打一個「×」記號。考慮二個相對特性是偏向那一方。如果二者兼具則趨向中間。不要耽心難予決定，評量後的討論有助於瞭解。

活　動二

專書研讀——天下沒有白吃的午餐　股

吳美嬌

一、活動目標

從他人經驗中學習敬業精神。

二、活動過程

1. 課前準備

(1)將學生分組並指定研讀相關書籍雜誌介紹成功者的奮鬥史或經營理念。

①《樂在工作》，尹萍譯，天下文化公司。

②《快樂，從心開始》，張定綺譯，天下文化公司。

③《力爭上游》，詹炳發著，洪建全基金會文經學苑。

④《卡耐基人際關係手冊》，詹麗茹譯，遠流出版公司。

⑤《哈佛仍然學不到的經營策略》，劉毓玲譯，天下文化公司。

⑥《跑道——積極進取的人生》，中國生產力中心。

⑵每組研讀完，討論出值得學習的典範。

2. 分組報告：各組組長就專書研讀討論結果提出報告。

3. 全班討論：教師以腦力激盪方式讓學生提出敬業的具體作法。

4. 講評與補充

⑴教師歸納良好的敬業作法。

⑵教師可說出自己在工作崗位的敬業作法供學生參考。

第三章　專業倫理

李琪明

在分工日益細密的現代社會中，所謂「隔行如隔山」，凸顯了專業知識與技能的重要性與時代性。所以，急病要投醫、訴訟找律師、建設需工程師……，因醫師、律師、工程師等有其專門之知識與技能，在其領域內有獨特的鑽研與見解，故能成就其專業權威。因此，「專業」乃時勢所趨，唯有「學有所專」或「一技在身」才不致爲時代所淘汰，以滿足專業市場上的人力資源。

第一節　專業倫理的涵義

一、專業的意義

「專業」究何所指？顧名思義，專乃專門、專精之意，業則是學業、事業之稱，故專業指的是「專精於某種學問或事業」或者是「專精於某種學問或事業的人」，其必須具備有系統而明確的知識，以及曾受過專門的訓練。

二、倫理的意義

倫是人倫，理是物理，舉凡世間萬物的條理均稱為倫理。在儒家思想中，人類道德的原理就是倫理，這其中含有人際關係所共同遵守的規範。先總統　蔣公曾在〈政治的道理〉一文解釋倫理的涵義：「倫就是類，理就是紋理，引申為一切有條貫、有脈絡可尋的道理。是說明人與人之間的關係，這中間包括分子對群體的關係，分子與分子間相互的關係，亦即人對於家庭、鄰里、社會、國家和世界人類應該怎麼樣；闡明他各種關係上正當的態度，訴之於人的理性而定出行為的標準」。簡言之，倫理就是做人的道理，所謂「家有家規，行有行規」也就是這個意思。因著各個專業的人員眾多，難免會有良莠不齊的情形產生，且專業人員亦生活於社會中，與其他人不免有互動的關係，因此，就產生了「專業倫理」以作為專業人員行為的準繩與規範，所以常聽到醫生倫理、護士倫理、教師倫理、新聞倫理、企業倫理等名詞即是。

三、專業倫理的意義

專業倫理就是各行各業的從業人員能肯定其工作價值，充實其專門知能，忠於其專業判斷，並實現其專業職責，以兼顧個人與團體利益，而依循理性表現出來的適當行為與應扮演的角色。換言之，是以倫理為體，專業為用，專業與倫理兼籌並顧，相得益彰，使專業於正常軌道上欣欣向榮，使倫理於專業發展上能發揮其導正與激發的功能。因此，醫護人員要有「仁心仁術」、從商者要能誠信且「童叟無欺」，故許多專業團體均制訂其信條或自律準則等，在在凸顯專業倫理的必須性與重要性。

四、專業倫理的內涵

專業倫理包含道德、制度與法律三層次，此三者環環相扣，相互為用：

1. 道德：是指從事各行各業的各種行為規範、價值意識與品德觀念的總和。專業人員為人處世之最高標準乃為職業道德，所謂「不取不義之財」就是道德的表現。

2. 制度：是指一個團體內部所賴以運作的法則或規定，如人事制度、福利制度等，這其中含有相當程度的道德規範與法律約束力，如嚴禁收受紅包、嚴禁洩露商業機密等均屬之。

3. 法律：法律乃指全國人民行為約束的法則，不違法是專業倫理的前提，法律是專業倫理的最後防線，也是用以解釋、衡量專業倫理的客觀標準。

第二節　專業倫理的重點

專業倫理所強調的是人與人之間的倫理關係，可歸納為專業人員本身、專業與雇主以及專業與社會大眾等三重關係：

就專業人員本身而言，重視的是自律，專業人員不能濫用與誤用其專業的範圍與權限，而必須擁有自律的精神。

就專業與雇主言，必須在專業判斷和履行義務皆重要的前提下達成良好的溝通，勞資和諧，共同創造利潤，形成「生命共同體」乃專業成功之基礎。

就專業與社會大眾言，更應存有社會責任觀的專業倫理，不以「專業至上」而有損社會大眾的權益或基本權利。

因此，專業倫理強調的重點在於自律、溝通與責任，並使這三者達到最佳平衡點，方是專業倫理之眞諦。

一、專業人員應砥礪自律精神

自律精神就是自我約制與自我檢點，而專業自律就是專業人員或組織爲提高其專業標準與形象，不濫用其專業自由或專業職權，而利用個人和團體的力量，對於專業人員之行爲活動，自動實施「自我批評」、「自我分析」、「自我改善」的一種道德約束力。通常專業自律是對抗資方或政府嚴格管制的預防措施，其目的在於維護專業自由，並防專業自由的被濫用。但是，專業自律必須要有自律的共識、自律的組織、自律的標準與自律的紀律。在多元價值衝擊的現代社會中，專業人員容易迷失自我或同流合汙，若要「出汙泥而不染」非有大勇氣與大決心不爲功。因此，在高唱專業自主的時代，眞正的專業自主必須植基於自律精神的體現，也就是「從心所欲不踰矩」，時時「嚴以律己」，處處「反求諸己」，豎立其專業價值與權威。

二、專業人員與雇主間要強化理性溝通

任何高度工業化的國家，勞資關係總是個敏感而不容忽視的大課題，勞資關係不融洽所產生的惡果，不僅帶來了雙方及整個經濟的損失，更播植了社會不安的種子。不論資方是政府、企業或是個人甚至於專業人員自己也扮演雇主的角色時，皆期盼專業人員能發揮其專業知能、締造工作佳績，或能引爲決策判斷的依據；而專業人員也希望竭盡所能，履行其對雇主的義務，所以專業人員與雇主之間的倫理應是強調合作、和諧與互信的精神，才能維繫良好的勞資關係。

當專業人員的專業判斷無法爲雇主所瞭解，或是專業判斷不符合雇主的利益時該怎麼辦？又如果雇主以其權力或是基於其利益而要求專業人員做出不當的判斷或迫以履行義務時，那該如何？凡此都是如何處理勞資糾紛的問題，保持良好的溝通管道是維繫專業倫理的不二法門。然而溝通是什麼呢？簡言之，就是讓自己去瞭解別人，也讓別人來瞭解自己。要別人瞭解你，就得表白心事或說出事情眞相；要瞭解別人，就不能作出錯誤的「歸因」或「理解」，錯怪或誤解是溝通失敗的主因。雇主不以其權力壓人、不以其私利害人；專業人員不以其專業權威要脅雇主，也不爲求名利而貶抑或扭曲專業道德，更不因過分的要求，徒增雇主、社會的緊張與自己的失望。故暢通溝通管道，使「下情能上達、上情能下達」，雙方在理性、互信、眞誠、和諧的情況下互動，才是溝通成功的先決條件，良好的溝通是專業共識的根本。

三、專業人員對社會要履行責任倫理

「取之於社會、用之於社會」是專業回饋社會的具體表現，社會大環境造就了專業人才與成功的事業，因此，專業人員應有「吃水果拜樹頭、飲水思源頭」的認識，義無反顧的接受並完成對社會的責任。洛克菲勒（J. D. Rockefeller, Jr., 1874-1960）在一九四一年曾說：「每一項權力，意含負擔；每一個機會，意含義務；每一件所有，意含責任」。由於民主思潮的衝擊，消費者意識的覺醒，傳統上「民可使由之，不可使知之」的觀念已不適合時代潮流，代之而起的是社會大眾有「知的權利」。因此，專業人員雖有其專業素養與知能，但仍要設法使民眾消除疑慮或對專業有所瞭解，進而產生信任。換言之，專業非由象牙塔中閉門造車而產生，但專業也不可全爲民意所取代，或捨本逐末以民意表決的方式來決定或干預專業判斷，因而專業倫理強調的是在專業與民意間必須取得一個平衡點。

事實上，兼顧專業與民意的重要意義在於對「人」的基本尊重，這也正是凸顯專業的一種責任倫理。固然專業是不斷地朝向專精發展，但不能有損於人的生存與基本權利，如自由、平等、尊重等。因此，專業人員對於社會大眾的權益，或是其所賴以生存的空間，都應有一份人文的關懷與責任感。所以，專業發展的目的應在於造福人群而不是在毀損人類，專業人員對於社會大眾懷有神聖的使命與責任，每一專業領域都是社會不可或缺的重要環節，即使其間或有利益的衝突，或是政治、經濟、社會等權力的介入，專業人員都應秉持其一貫責任，以人爲最高的關懷重點。

第三節　專業倫理的實踐

爲了要與時俱進，掌握時代脈動，專業無時不在求新求變，專業倫理因之而調整，從成長到超越、由認知到篤行、自反省到批判，在在顯示出專業倫理的應然性與實踐性。

一、要成長超越

專業倫理的實踐就是要兼顧「專業」與「倫理」兩方面的成長與超越。在專業方面，對於所從事的工作要能日新又新，精益求精，以虛心求教的精神與主動積極的態度促進專業成長，這正是專業受肯定的主因。故近年來許多專業都強調正規教育、長短期技藝訓練、自我進修、在職進修與終生學習的理念，大力培訓人才，並設置研究發展部門，以爲可大可久之計。在倫理方面，專業人員必須在修己善群上著力，除了遵守法律和相關制度等他律的規約外，更要秉持道德的良知，以發揮自律的精神。儘管現代社會道德力量日漸式微，追求名利成爲人生觀的主流，但專業人員仍應自我期許、自我超越，因生命的意義與生活的目的往往在於「有所爲」與「有所不爲」間的理性抉擇，方能實踐自我。

二、要知行合一

專業倫理的實踐，不但要「知其然，知其所以然」，還要「行其所當行，止於所不得不止」，王陽明曾說：「知之眞切篤實處即是行，行之明覺精察處即是知，知行工夫本不可離」，就是強調知行合一的重要性。不過，現代社會中對於專業倫理的重視雖是毋庸置疑，但止於口號、教條、八股者多，付諸實行者少，專業教育也往往著重在知識的傳授，倫理教育成爲次要甚至受到忽視。若我們的價值觀只是著重在名利，專業的行事準則是一種隨波逐流、積非成是的經驗法則時，社會將會紛雜混亂，個人或專業也都將迷失於功利中，造成價值觀與人生觀的嚴重扭曲，社會國家將會付出慘痛代價。

三、要反省批判

蘇格拉底曾說：「沒有經過反省的生命是不值得活的」。反省的意義就是不要畫地自限，以一種開闊的視野與胸襟，對於專業在社會中所處的定位與應有的角色有深入的體會，如此方不致自我膨脹或是自我貶抑。而批判也是基於理性以明辨是非眞假，並非專業即眞理，亦並非官大學問大，當然更不是「只要我喜歡有什麼不可以」的恣意，專業倫理是要在多元價值的社會體系中掌握住多層關係，並展現其影響力，以促進專業與人類社會的進步與發展。實踐專業倫理的可貴處，即在於其具有批判反省能力，凡事無所謂的「理所當然」，而是要經「愼思、明辨、篤行」的循環過程，求其周延、可行。

現代社會急劇變遷，科學精進一日千里，生活環境大幅改善，一味追求物質文明的結果，使舊社會的倫理規範有面臨解組之勢，各行各業多少都受到某種程度的衝擊，直接、間接影響到專業的正常發展。專業倫理並非紙上談兵，其著重的是實踐的層面，也就是將專業倫理所強調多重關係的重點付諸實行。在實踐的過程中，則應秉持著不斷成長超越、知行合一與反省批判的原則，方能使專業在倫理的適切軌道上暢行無阻。

瞭解專業倫理的眞諦後，要能掌握專業倫理的多重關係，並且篤行專業倫理的實踐原則，以實現自我並進而造福人群。

推薦進修書目

1. 邱秀芷主編，《杏林和風》，臺北：黎明出版社，民國八十一年。
2. 梁實秋主編，《名人偉人傳記全集》，臺北：名人出版社，民國七十一年。
3. 劉小梅編，《掌握贏的契機——二十位企業家的奮鬥故事》，臺北：黎明出版社，民國八十二年。
4. 鍾惠民主編，《站在巨人的肩膀》，臺北：自由青年社，民國八十二年。
5. 中國教育學會編，《經濟開發國家的倫理建設》，臺北：幼獅文化公司，民國七十一年。

習題

劉秀嫚

一、選擇題

1.(　)有一句諺語「隔行如隔山」，說明了什麼的重要性？①合作　②威權　③專業　④工作。

2.(　)從事以下哪一行業，比較不需具備專門之知識與技能？①律師　②醫生　③護士　④送報生。

3.(　)作爲專業人員其行爲的準繩與規範爲何？①專業知識　②專業倫理　③專業主管　④專業規程。

4.(　)專業人員爲人處世的最高標準爲何？①利益優先　②奉守行規　③職業道德　④技術第一。

5.(　)哪一項是專業倫理的最後防線？①法律　②行規　③制度　④道德。

6.(　)專業人員應有「吃水果拜樹頭」的認知，亦即要對社會履行何種倫理？①自律　②責任　③家庭　④工作。

7.(　)「沒有經過反省的生命是不值得活的」是哪一位哲人的名言？①柏拉圖　②尼采　③菲希特　④蘇格拉底。

8.(　)兼顧專業與民意的重要意義在於對何者的尊重？①人　②事　③物　④神。

9.(　)專業發展的目的爲何？①高度文明　②大量生產　③造福人類　④壯大國家。

10.(　　)在儒家的思想之中，人類道德的原理是：①禮節　②知恥　③倫理　④和平。

二、填充題

1. 就字義言，專業的「專」乃______、______之意，而「業」乃是______、______之稱。
2. 舉凡世間萬物的條理均稱爲______。
3. 先總統　蔣公解釋倫理的涵義：「倫就是______，理就是______，引申爲一切有條貫、有脈絡可尋的道理」。
4. 專業倫理的內涵包含______、______與______三層次，三者環環相扣，相互爲用。
5. 專業不能濫用與誤用其範圍權限，故須重視______的精神。
6. 專業倫理的眞諦在使自律、溝通與______，三者達到最佳平衡點。
7. 高度工業化的國家裡，專業與雇主間要強化______的溝通，才能維持良好的勞資關係。
8. 美國石油大王洛克菲勒（J. D. Rockefeller, Jr., 1874-1960）曾說：「每一項______，意含負擔；每一個機會，意含______；每一件所有，意含______」。
9. 我國明朝賢士王陽明先生曾說：「知之眞切篤實處即是______，行之明覺精察處即是______」。
10. 專業與倫理要兼籌並顧、相得益彰，就須以______爲體，以______爲用。

三、申論題

1. 專業的意義爲何？

2. 試敍專業倫理的內涵。

活　動　一

奧瑞岡辯論賽

李琪明

一、活動目標

藉由辯論的過程使同學對於專業倫理的眞義有更深刻的瞭解，並且能從多重角度思考專業倫理常面臨的兩難困境，進而形成適切的價值觀。

二、活動時間

辯論時間約爲一〇〇分鐘，準備工作可利用課餘時間進行。

三、活動主題：可自下列主題擇一或是自行訂定相關主題

1. 安樂死應予合法化。
2. 墮胎應予合法化。
3. 我國目前應繼續興建核能電廠。

四、活動流程

1. 籌備階段

(1)教師說明比賽方式。
(2)選出正反方辯論隊員各三人並蒐集辯論資料。
(3)選出主席、計分計時人員與工作人員。
(4)全班分成正反兩大組以形成智囊團。
(5)邀請三位師長擔任裁判。
(6)準備辯論用器材，如海報、評分表、鈴、馬錶、獎品等。
(7)布置場地。

2. 執行階段

(1)主席宣布比賽主題與規則，並介紹裁判師長。
(2)辯論隊員出場序與時間如下：
正方一辯申論三分鐘。
反方二辯質詢正方一辯三分鐘。
反方一辯申論三分鐘。
正方三辯質詢反方一辯三分鐘。
正方二辯申論三分鐘。
反方三辯質詢正方二辯三分鐘。

反方二辯申論三分鐘。
正方一辯質詢反方二辯三分鐘。
正方三辯申論三分鐘。
反方一辯質詢正方三辯三分鐘。
反方三辯申論三分鐘。
正方二辯質詢反方三辯三分鐘。
休息二分鐘並抽出結辯順序。
正方與反方各結辯三分鐘。

3. 考核階段

(1)請裁判老師講評。
(2)同學可針對主題進行自由討論。
(3)老師總評並結論。

活動二

採訪報導——樂在工作

韓青菊

一、活動目標

發掘各行業中敬業樂業楷模及事例。

二、活動過程

1. 準備活動

⑴學生六人一組，組成採訪小組並分派下列任務：訪問、攝影、撰稿、資料整理、報告。

⑵各小組利用課餘時間，訪問地方上一所機關、工廠或公司行號中敬業樂業楷模及事例。

⑶採訪程序及要點：

①選擇受訪機關及對象。

②安排訪問時間及地點。

③預擬訪問內容如：

受訪者簡介。

受訪者工作態度及人生觀。

受訪者敬業樂業特殊事例。
親友、同事對受訪者之評述。
受訪者工作心得及感想。

2. 發展活動
(1)上課時，各組懸掛採訪所得資料及圖片於教室四周。
(2)分組報告：各組派代表上臺報告採訪心得。
(3)各組輪流觀賞其他組之資料及圖片。

3. 結束活動
(1)教師適時補充相關教材（如簡介健康幼稚園火燒車事件中犧牲的林靖娟老師，華航空難中捨己救人的空服員王文驊女士等事例）。
(2)教師綜合結論。

第四章　社會責任

龐建國

國父孫中山先生在談論如何實現人類社會的平等時，曾經提出服務的人生觀，強調雖然人類天生聰明才力有不平等的現象，可是如果人人都能夠以服務爲目的，盡力爲他人和自己造福，那麼，隨著人類服務道德心的發達，人類社會將可以邁向平等的境界❶。

這種服務的人生觀，從職業道德的角度來理解，就是社會責任的承擔。所謂「社會責任」，可以分爲兩個層次來說明：首先，是我們在自己工作崗位上應該負起的社會責任；其次，是我們所從事的行業或者所工作的企業必須承擔的社會責任。

❶ 這是　國父孫中山先生在「民權主義第三講」中提到的說法，參閱中國國民黨中央黨史委員會編，《國父全集》第一冊，臺北：中央文物供應社，民國七十三年八月四版，壹―第八一～八二頁。

第一節　個人工作崗位的社會責任

一、對自己分內的工作負責盡職

讓我們先來談一談個人在工作崗位上的社會責任。大家都曉得，在分工越來越細密的情況下，社會上絕大多數的生產過程或者企業營運，都是在許多人通力合作之下完成的。在這些生產過程和企業組織中，每個工作者所占據的地位或許高低不一，所隸屬的部門可能作用不同，但是，他們對於生產的貢獻都是不可抹殺的。因為，在這個必須分工與合作的組織及過程當中，任何一個環節出現了問題，都會使得生產過程停頓，或者組織效率大打折扣。

譬如說，在一個企業組織裡，我們可以大略地把成員的地位分成上層的老闆或僱主，中層的經理與技術人員，以及基層的勞工與作業人員。就地位與權力而言，他們彼此之間固然高低不同、大小有別，可是，卻都是一個企業組織不可或缺的成員。

二、善用本身的專業知識

試想，如果不是老闆或僱主籌措資金、發揮企業精神、創造就業機會，經理與技術人員構思規劃設計、從事經營管理、提供專業知識，基層的勞工與作業人員奉獻勞力，一個企業組織如何能夠成立運行，並且有效地追求經營目標？

同樣的，在一個生產過程中，如果不是從原料採購、設計製造、市場行銷到人事管理等等部門，彼此都能合作無間，連貫一氣，企業的效率一定不佳，人力和物力的運用必有浪費。

三、瞭解個人在企業組織與生產過程中的地位與作用

所以，每一個人在他的工作崗位上，除了必須對自己分內的工作負責盡職，並且善用本身的專業知識以外，還應該對於自己在整個企業組織和生產過程中的地位與作用，有相當的瞭解，能夠從大局著眼，避免過分的本位主義造成企業營運或生產過程的困難，進一步造成社會資源的浪費，或者減少了社會效益的創造。

在企業組織或生產過程中，由於身分地位或工作崗位不同，因而產生立場對立的情況有很多，不過，其中最普遍的典型事例，大概就是僱主與受僱者之間的衝突，也就是大家常常聽到的「勞資糾紛」或者「勞資爭議」問題。

第二節　勞資爭議的發生與處理

一、勞資關係穩定

過去，當臺灣地區的經濟發展程度還不夠成熟的時候，人們所追求的，主要是物質生活的改善，而較少注意溫飽之外的需求。同時，基於反共的立場和維持社會安定的考量，政府並不鼓勵勞工意識的增長和勞工力量的凝聚。此外，一般勞工所受的教育和本身的見聞有限，容易服從僱主的權威，對於本身所獲得的待遇是否合理，也不敢表示太多的意見。於是，勞資爭議的事例並不多，勞資關係大致上是相當穩定的。

二、經濟、社會、與教育等因素促使勞工意識高漲

然而，從民國七十年代以來，由於臺灣地區一般人民的生活日趨富裕，年輕一代的人已經很少有人經歷過物質匱乏的日子，很自然的，大家比較不容易有物力維艱的體會，也比較難以接受「吃苦耐勞」之類的教誨。同時，隨著社會日益民主開放，人們的權利意識跟著高漲，大家愈來愈重視自身利益的保護和權益的爭取。此外，勞工的教育水準不斷提高，見聞增廣，而開始希望受到更多的尊重，擁有更多的自主，並達成更多的自我實現❷。

三、勞工運動興起

在上述的情況下，勞資之間的爭議難免增加，勞資關係也開始變得比較緊張，以致於在民國七十年代末期的時候，臺灣地區曾經爆發過一陣子勞工運動的風潮，工人怠工、罷工和走上街頭示威抗議的事件，接連不斷出現。雖然這些怠工、罷工和示威的現象，並未延續很長的時間，也

---

❷ 有關臺灣地區勞工對於本身生活滿意程度和對勞資關係看法的調查研究，可以參閱臺灣省政府社會處按年編印的《臺灣省勞工生活狀況調查報告》。

末明顯地對於我國的經濟發展造成嚴重的衝擊，可是，已經使得勞工意識普遍增長，同時也使得勞資關係不穩定的可能性增加❸。

四、社會責任意識影響勞資的互動關係

就一個企業組織的內部關係來說，由於任何一個企業組織創造利益的能力都是有限的，所以，在利益的分配上，難免會遭遇誰多誰少的問題，這種問題尤其容易發生在僱主和受僱者之間。因此，勞資關係的處理是任何一個工業化的社會必然要面對的課題，而僱主和受僱者是否能夠具有比較清晰的社會責任意識，會直接影響到兩者之間的互動關係。

五、穩定和諧的勞資關係促成經濟發展

大家都曉得，臺灣地區自然資源稀少，經濟規模狹小，先天條件並不利於經濟發展。然而，自從中央政府遷臺之後，卻能在過去的時日裡，締造舉世欽羨的快速經濟成長，其中，毫無疑問的，穩定和諧的勞資關係是促成這項成就的主要原因之一。在穩定和諧的勞資關係下，僱主和受僱者可以把時間和精力充分地投注於生產活動，使得我國的產品具有高度的競爭能力，而得以在國際間與人一較長短，創造出以對外貿易爲主導力量的經濟發展奇蹟。

❸對於我國近年來勞工運動的發展情形及其走向的研究，可參閱龐建國，《我國勞工運動發展趨勢及其因應措施之研究》，行政院研究發展考核委員會研究報告，臺北：行政院研究發展考核委員會，民國七十九年。

六、互利共榮的原則

所以，維持各種產品的對外競爭能力，是促使臺灣地區經濟繼續成長發展的不二法門。也因此，我們認爲勞資關係的處理，無論是僱主或者是受僱者，都應該要有「大家同在一條船上」的體認，強調互利共榮的對待原則，避免因爲過度爭取本身的利益，形成彼此的敵視對立，造成關係的緊張僵持，把時間和精力耗費在爭議對抗中，不僅減損了企業本身的獲利能力，也導致社會情勢的不安，以及國家整體對外競爭能力的低落。

七、資方提供適當的工作待遇和良好的工作環境

就此而言，我們一方面盼望僱主要能夠具備資方所應有的社會責任意識，提供受僱者適當的工作待遇和良好的工作環境，重視員工的福利，提昇員工的工作技能，同時追求企業的永續經營，避免因爲企業倒閉或停工，而使員工面臨失業或轉業的痛苦，影響社會的安定和諧。

八、勞方應避免好逸惡勞的習氣

在另外一方面，我們也盼望受僱者要能夠具備勞方所應有的社會責任意識，避免好逸惡勞的習氣，不要求過度的薪資調整和福利照顧，不進行無謂的抗爭行動，同時，不斷改善自己的工作技能，增進本身的生產力，讓我國能夠在國際間維持一定的競爭能力，促使經濟不斷成長，社會祥和進步。以上是從個人工作崗位的層次來談社會責任的一些說明，下面則讓我們從各種行業或者各個企業的層次，來討論社會責任的承擔。

第三節　企業的社會責任

一、傳統的企業經營在創造最大利潤

在傳統的學說中，企業經營唯一的目的就是要創造最大的利潤，至於社會責任，並不在考慮之列。所以，一個企業的管理階層所要做的事，就是找出最有效率的方法來組合各項生產因素，把生產成本降到最低，然後，把產品賣給願意出最高價格的顧客，以謀取最大的利潤。根據這種思考方式，一個企業如果把社會責任納入考量的話，一定會增加生產成本，降低市場中的競爭力，而導致利潤減少，甚至於危及自身的生存，所以，以營利爲目的的企業沒有必要去考慮社會責任。

二、現代的企業經營納入社會責任

不過，隨著社會環境的變遷和人們觀念的覺醒，有越來越多的學者和企業家發現，如果企業經營不把社會責任納入考量的話，將會造成許多的「外部不經濟」❹效應，結果，就是把原先應該由自己來承擔的生產成本，轉嫁到別人或者社會大眾的身上，造成許多「社會成本」❺的支出，

❹ 外部不經濟：這是經濟學的用語，意思是說一個經濟活動對於別人的利益造成負面影響的情形。譬如說，一個工廠隨便排放黑煙，造成空氣汙染，使得環境品質惡化，社會大眾，特別是附近的居民，都將因此而受害，這時候，就是一種外部不經濟的情形。

使得整個生活環境的品質惡化，本身也跟著受害❻。

所以，就作爲國家社會一個良好公民的立場來說，我們應該要重視每個行業或者個別企業的社會影響，承擔一定的社會責任。

那麼，從行業或者企業的角度出發，我們應該具有什麼樣的社會責任意識，又應該承擔那些社會責任呢？

因爲無論個人或者團體的能力都是有限的，我們不可能要求各種行業或者各個企業無限制的去承攬社會責任，不過，大家最少可以考慮以下三方面的作爲。

第四節　企業如何承擔社會責任

一、維護消費者權益

❺ 社會成本：當一個經濟活動或者社會行動，要由所有社會大眾來支付它的成本時，這方面的成本，即爲社會成本。譬如說，當外部不經濟的現象發生時，往往要由社會大眾來共同承擔它的負面後果或者解決問題的支出，這種情形就是社會成本的支付。

❻ 對於企業應該不應該承擔社會責任的討論，可以參閱黃俊英，《企業與社會》，伍〈企業的社會責任〉，臺北：中華民國管理科學學會，民國七十八年元月初版。

首先，是消費者權益的維護。在商品交易的過程中，一般的消費大眾由於對本身的權益可能瞭解不夠，或者缺乏組織力量的支持，在面對企業或廠商侵害權益的行爲時，往往成爲弱勢的一方，而在交易過程中吃虧受害。所以，除了政府應該訂定保護消費者的法規，設立保護消費者的機構，並且鼓勵民間成立保護消費者的團體組織之外，企業界本身更應該主動負起維護消費者權益的責任。

大致說來，企業或廠商可以採取以下的一些措施來保護消費者❼。

1. 重視產品的安全性，做好產品設計和品質管理，防止產品危害到消費者的生命和健康。
2. 負起絕對的「產品責任」❽，無論該項產品是否由製造廠商直接銷售給消費者，廠商都應該對其產品的缺陷所造成的消費者損失，負起賠償的責任。
3. 履行產品保證書上所記載的項目，揚棄「貨物出門，概不退換」的觀念。
4. 不做誇大不實的促銷廣告。
5. 產品上應提供完整的標示文字或說明書，記載產品的名稱、成分、規格、用途、用法、製造日期、有效日期等等，供消費者參考。

---

❼ 參閱黃俊英，《企業與社會》，第六八～七八頁。
❽ 產品責任：是指廠商對於本身產品的缺陷（如設計不良、品質瑕疵等等）造成消費者損失時，所應負起的責任。

6.透過廣告或者其他的途徑，提供消費者教育性的資訊，告訴消費者在購買時應注意的一些事項，協助消費者做適當的消費。

7.不仿冒品牌，不做虛假之標示。

8.主動檢舉告發他人之仿冒行爲。

9.採取抵制行動，拒絕銷售品質低劣的產品，對不良的廠商施加壓力。

10.設立專責處理消費者訴怨的部門，裝設免費電話接受消費者訴怨。

11.定期舉辦消費者意見調查，瞭解消費者的需要和對廠商本身產品的滿意程度。

12.邀請社會公正人士或者消費者組織的代表擔任公司的董事，代表消費者在公司的決策過程中發言，保護消費者的權益。

二、保護環境

其次，企業界在社會責任的承擔上可以著力的另一個重點，是環境保護。企業經營行爲導致外部不經濟或者社會成本支付的典型現象之一，就是環境的汙染，像排放廢氣、黑煙、汙水，製造大量的垃圾，產生高量的噪音等等。這些汙染不僅造成鄰近民眾環境品質的惡化，還可能導致整個生態環境無可挽救的破壞。

事實上，今天有許多環境汙染的問題已經跨越國界，而必須經由國際間的合作，乃至於由全世界所有的國家來共同解決。這其中，我國臺灣地區由於地狹人稠，環境汙染行爲對於人們生活環境品質的衝擊，經常會比其他人口密度較低的社會要嚴重。所以，企業界更應該有明確的社會責任意識，透過改進產品設計、檢討生產作業流程、增添汙染防治設備、提高資源使用效率等等途徑，來減少汙染製造，致力環境保護，展現職業道德。

三、贊助公益活動

最後，企業或廠商可以經由贊助公益活動來表現其社會責任感。大家都曉得，良好的企業形象以及安定和諧的社會環境，有助於企業的經營發展，贊助公益活動正具有這兩方面的作用。它一方面可以突顯企業的正面形象，達到宣傳的效果；另一方面，也能夠幫助社會上需要援手的人，減少社會缺陷，增進社會祥和。所以，擁有現代經營觀念的企業家，都會在能力許可的範圍內，積極贊助各種公益活動，利人也利己。

孫中山先生在闡述服務的人生觀時強調，大家都應該盡力為自己和別人造福。有能力的人除了照顧自己之外，還應該照顧別人；沒有能力的人，最少要能夠好好照顧自己，不讓本身成為別人的負擔。同樣的，無論是從事何種行業，也不管職位高低，大家都應該保有一份社會責任感，以具體的行動來彰顯職業道德，如此，才是國家的好公民，也才能使社會不斷進步。

推薦進修書目

1. 郭振羽譯，《當代社會問題》，臺北：黎明文化事業，民國七十四年。
2. 瞿海源主編，《變遷中的臺灣社會》，臺北：中央研究院民族學研究所，民國七十七年。
3. 陳秉璋等著，《邁向現代化》，臺北：桂冠圖書公司，民國七十七年十一月。

習題

劉秀嫚

一、選擇題

1.（　）國父孫中山先生認爲，欲使人類社會達到平等之境界，須人人皆有何種人生觀？①合作　②競爭　③憐憫　④服務。
2.（　）在生產過程和企業組織中，爲使生產與組織皆能達到高效率，故應特別注重哪兩個環節的連接？①合作與競爭　②分工與競爭　③分工與合作　④合作與改造。
3.（　）如果你是一位受雇者，你可採下列何種方式，以盡你的社會責任？①拒絕任何加班工作　②改善自

己的工作技能　③隨時蒐集加薪資料，以便要求提高薪資　④爭取升遷的機會。

4.(　　)廠商因爲產品上的缺陷，造成消費者的損失，此謂何種責任？①製造責任　②行銷責任　③廣告責任　④產品責任。

5.(　　)某工廠把排出的汙水未經處理，直接流入水溝排放出去。如此，可能造成增加何項成本？①個人成本　②社會成本　③會計成本　④經濟成本。

6.(　　)僱主（資方）所應具有的社會責任意識，在對員工方面，以下何者爲非？①改善工作環境　②提升工作技能　③提高工作薪資　④提高工作時數。

7.(　　)受僱者（勞方）所應具有的社會責任意識，以下何者爲非？①充實工作技能知識　②經常要求調整薪資　③增進個人生產能力　④免除好逸惡勞習慣。

8.(　　)企業廠商應持有「產品責任」的義務概念，然而「產品責任」的主要對象爲何？①消費者　②環境　③地球　④政府。

9.(　　)每一個人在工作崗位上如何善盡社會責任？①抱持本位主義　②籌借資金，另謀創業　③運用本身的專業知識，以尋求提高薪資　④瞭解每一個人在生產過程中的地位與作用。

10.(　　)勞資雙方通常最容易直接引發衝突的原因爲何？①利益的分配　②人事的管理　③工作的環境　④升遷的管道。

二、填充題

1. 人類社會要能邁向平等的完美境界，需靠人們____心的完全發達。
2. 服務的人生觀，若由職業道德的角度來理解，就是____的承擔。
3. 企業組織的成員依地位可分爲：上層是____或僱主；中層是____與技術人員；基層是____與作業人員。
4. 民國____年代以來，勞工的教育水準即不斷提高，自我意識也逐漸地升高。
5. 維持各種產品的____能力，是促使臺灣地區經濟繼續成長發展的不二法門。
6. 一個優良的企業必須具備有哪三項基本的社會責任？第一、維護____；第二、____；第三、贊助____。
7. 試舉二例，說明我們身旁常遭遇的環境汙染有哪些？一、____；二、____。
8. 廠商由於本身產品的缺陷，因此造成消費者的損失，所應負起的責任，稱爲____。
9. 一個經濟活動對於別人的利益造成負面影響的情形，在經濟學上的用語，稱之爲____。
10. 當一個經濟活動或者社會行動，要由所有社會大衆來支付它的成本時，這方面的成本，稱之爲____。

三、申論題

1. 請舉出一種「外部不經濟」的例子。
2. 社會責任的意義，可以由哪兩個層次來分別說明？

活動

價值澄清——企業的社會責任

吳美嬌

一、活動目標

1. 瞭解企業的社會責任。
2. 願意於日常生活中培養責任感。

二、活動過程

1. 準備活動：教師將學生分組，每人準備一白紙。
2. 提出題材：
   (1) 教師綜合課文內容及學生意見，將企業責任歸納出下列數項，並將標題書寫於黑板。
   ① 尊重消費者權益：例如產品品質、價格……。
   ② 改善生產方式：如裝置防治汙染設備……。
   ③ 正當方式經營：不誇大失實廣告、不投機、重研究……。
   ④ 成立非營利機構：如基金會、養老院……。
   ⑤ 開創性的示範：如員工在職訓練、福利、托兒所……。

⑥健全同業公會組織：協助公會發揮監督功能。

⑵教師解說上述企業責任後，讓學生依己見認爲目前在我國企業最應具備的社會責任依序排等級。

3.書寫及討論：組中每人於白紙上寫下自己所排的等級，並於組中一一說明理由（每人均需發表）。

4.分組報告：組長將組中討論的排列結果，寫於黑板每項標題前，並說明做此排列的理由。

5.全班討論：教師將各組於黑板上標示的秩序請全班提出不同見解或質詢、任何同學都可協助解答。

6.教師解析：教師就黑板上的每一社會責任，依社會現狀解析其優劣點，提供學生再思考。

7.結束活動：教師抽點學生（或由學生自由發言）說出自己價值排等秩序是否改變（或未改變）並說出改變（或未改變）原因，俟機對該項提出深層思考問題。

三、注意事項

於價值澄清活動中教師隨機提出澄清式問答，藉以引發學生疑問，溫和地督促學生省察觀念，其效果是累加的，在一次次思考中建立正確觀念。

第五章　生涯規劃

林幸台

第一節　生涯的意義

一、個人決定生涯發展方向與目標

「生涯」在現代社會已經成爲十分流行的名詞，許多人關心自己的生涯、談論如何做生涯的規劃，這種現象可說是開放社會的特徵。因爲在傳統社會中，每一個人的生命幾乎都已註定，「父傳子、子傳孫」，世世代代所做的事、所過的生活幾乎都完全一樣，要改變雖然不是不可能，卻非輕而易舉。但在現代社會中，社會流動的可能性提高，憑著個人的本事（教育、工作），每一個人可以決定自己生涯發展方向與目標的機會已增加許多。

二、生涯意指整個生命所抱持的志向與態度

「凡事豫則立，不豫則廢」，生涯規劃的用意也就是如此，以現代流行的話來說，就是「如何規劃一個成功的未來，以穩健地踏出人生的第一步」，不過這裡所指的「成功的未來」，要比一般人常提到的選擇科系、尋找工作更廣。在我國古典文籍中，「生涯」或「生計」一詞亦曾多次出現，最常被提到的就是莊子「吾生也有涯，而知也無涯」的說法，又如白居易詩「生計拋來詩是業，家園忘卻酒是鄉」、劉長卿詩「杜門成白首，湖上寄生涯」等，在這些句子中，可以發現其所指的不僅限於謀生糊口的工作或職業而已，事實上它更關連到一個人所經歷的各種生活方式，乃至對整個生命所抱持的志向與態度。

三、生涯指個人一生的進展路途

在英文中，生涯（career）一詞原先指的是車子行走的道路軌跡（Path, Road），引申為人或物經過的途徑（The course over which any person or thing passes），或個人一生的進展路途（A person's course or progress through life）；換言之，它包含了一個人數十年生命中如何成長、如何經歷、如何成就的過程，這個過程可以完全命定，依著別人既定的軌跡去走；但在這個多元的社會裡，每一個人的生涯路更可以自己創造，由自己來掌握各種契機。

四、生涯規劃是一輩子的事

因此，如果我們從時間的角度來看，生涯所考慮的不只是現在面臨的要升什麼學、要就什麼業的問題，還要想到升學之後、就業之後要過的什麼樣的生活，所以生涯規劃考慮的是一輩子的事，有人說「看不到未來，就掌握不了現在」，或者「掌握不了現在，就看不到未來」，就是由時間的觀點探索人生的要義。

五、生涯意指在某個時段，個人活動的範圍以及對整個生活的安排

時間觀點可能要比較長的時期才能體會出它的意義，但如果從空間的角度探討生涯的意義就更具體了，生涯所指的就是在某個時段裡，個人活動的範圍以及對自己整個生活（包括時間）的安排，在這個時段裡做些什麼事？扮演些什麼角色？如何扮演這些角色？這些每天遭遇的問題，如果仔細思量，就可以發現我之所以會做這些事（譬如寫功課），之所以會扮演這個角色（譬如學生角色），就是因爲當初我做了選擇（走升學之路），否則我現在可能是在過另一種生活。

六、生涯就是一個人的一生

總之，時空縱橫交錯構成一個人的一生，這就是生涯，而要將這個概念具體地落實到生活上，就是我們扮演的各種角色，包括過去扮演的角色、未來可能扮演的角色，而每一種角色又牽連到適當的角色行爲。因此談到生涯的規劃，一方面要考慮在能力、興趣、性格及價值觀的前提下，究竟要扮演什麼角色，一方面也要探討如何做好準備工作。

第二節　生涯發展

一、成長期

生涯發展與時間有密切關係，因此有些人就依年齡之不同將生涯劃分爲幾個階段，如十歲前稱爲「成長期」，小朋友從遊戲、讀書中，慢慢認識這個世界，也開始想到什麼叫做「我」，而把自己和外在世界串連起來，於是有人志願當老師、有人要當總統、有人覺得警察很了不起。

二、探索期

隨著年齡的增長，上了中學、大學，對自己的能力和興趣逐漸有了淸楚的認識，另一方面也瞭解現實社會的種種限制與機會，於是開始眞正的「探索」。到了學校畢業，三十歲之前，是建立生涯方向與目標的關鍵期，孔子說「三十而立」正是這個階段的重要任務。不過有人在求學時代就做了許多探索，所以可以比較早就立定志向，也曉得社會上有那些機會可以讓他實現理想，有些人卻到了畢業後，才發覺「畢業即失業」，必須花更長的時間，在社會上一邊適應，一邊探索，才能逐漸找到自己的路。

有些人生活圈子狹窄，每天過的是一成不變的日子，彷彿老僧入定卻毫無目標，有些人不知如何將時間做有效的處理，每天生活在紛亂糾葛的瑣務中，似乎充實卻毫無重心，這些問題都會對個人的生活與行動造成嚴重的困擾，長時間下來，就可以看出這種生涯路潛在的危機。現在流行「青春不要留白」這句話，如何不要留白，就要靠妥善的規劃了。

三、顚峰期

從三十歲到四十歲之間，是大多數人在事業、家庭以及其他社會生活上的第一個顚峰期，這時已累積十數年以上的社會經驗，回顧過去所走過的路，覺得已有一些成就，對未來也有信心，曉得如何走下去。不過現代社會日趨複雜，各方面的進步與變化都非常快速，如果沒有事前充分的準備，常在步入中年後，受到時代的衝擊，甚至出現「中年危機」的現象，急速地從顚峰掉到谷底，因此如何能持續以往的成就，甚至在步入中、老年時，能開創人生的第二、第三高峰，是這個時候最需要面對的問題。

不過單以年齡來劃分，似乎過於命定論，如果到了某個年齡，就必然要扮演某個角色，似乎限制了人的發展，因此有人不服老，「人生七十古來稀」是傳統的說法，「人生七十才開始」是另一種人生觀，何況有些角色不一定必然依年齡而劃分其輕重，教育工作就是很好的例子：教師沒有高低職位之別、沒有所謂的晉升的問題（薪級多隨年資而加），除行政工作上有校長、主任、組長之分外，一般教師的身分都一樣，因此許多人四十年如一日，只有教師的身分，當然如果以年資而論，會有資深教師、新近教師之別，但這種區別並無礙於其扮演教師的角色，重要的是如何演好你自己的角色。

第三節　生涯規劃

一、鬥志與信心

生涯規劃有許多必須做的事，但最重要的是在心理上要先有鬥志，對自己有足夠的信心，自己的生涯可以由自己來掌握。缺乏這一份信心，空有規劃技術也無濟於事。其次要有做最壞打算的準備，雖不必有「船到橋頭自然直」的消極作風，也不要「反正『世間不如意事十之八九』而產生『聽天由命』的想法」，凡事如能盡己之力，做好必須做的規劃，有這樣的心理準備與信心，自然可以增加成功的機會。

二、掌握契機

《孫子兵法》上有句名言：「知己知彼，百戰不殆」。在軍事上之所以能百戰百勝，關鍵就在深入瞭解敵我的狀況、事先就掌握了戰勝的契機。如果「人生如戰場」這個比喻可以充分描繪人的一生，孫子這句名言就相當適用在個人的生涯規劃上，所謂知己就是對自我有充分的認識與瞭解；而知彼就是熟悉周遭環境，特別是與生涯發展有關的人事物；知己知彼相互關連，自我所擁有的特質在現實世界中經得起考驗，自然可以確定自我與社會的連結十分紮實，不致形成一廂情願、自我中心的心態，無論社會如何變動，定心居於其間，也仍然可以自主地走上坦途。

三、抉擇、計劃與行動

而在漫長的生涯路上仍有許多關鍵時刻，需要下判斷、作決定，因此在知己知彼之外，似乎還應加上抉擇、計劃與行動的一環，以確定生涯的發展有確切的成果。因此，從生涯規劃的角度來看生涯發展能否成功，實與知己、知彼、抉擇三要件有密切關連，三者的關係可以寫成下列的等式：

生涯規劃＝知己＋知彼＋抉擇

而以一般人所關心的升學或就業問題爲例，其重點就有如下頁圖所示。

四、自我探索與認識

在生涯規劃中，個人是主體，沒有任何人可以代替，因此生涯規劃應由自己開始做起。自我的探索與認識是個人生涯發展成功與否的重心，

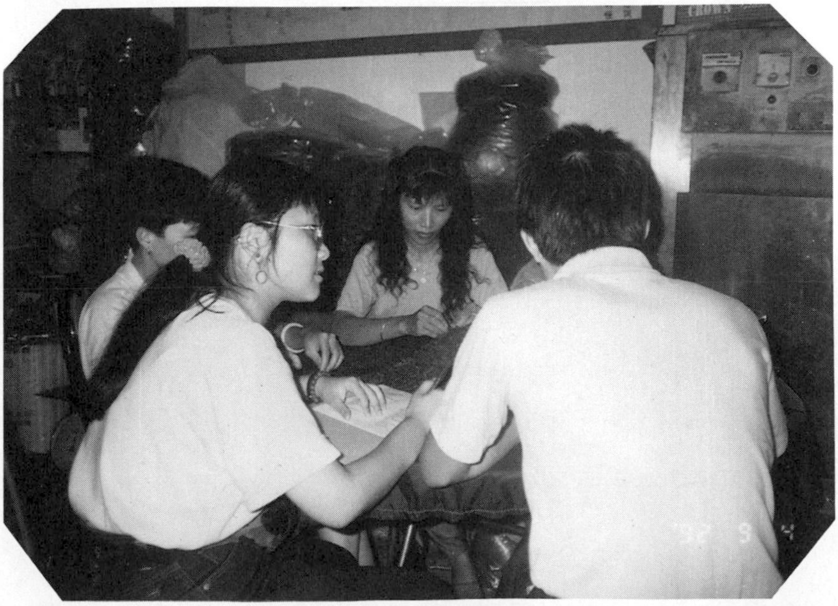

圖十　生涯規劃就是知己、知彼，還要抉擇與行動

生涯規劃三要素圖

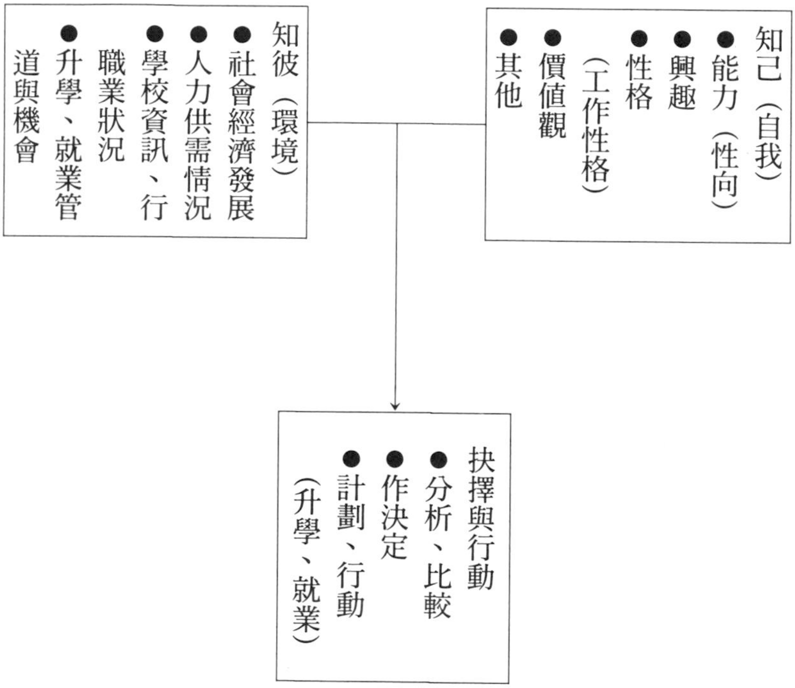
知己（自我）
●能力（性向）
●興趣
●性格（工作性格）
●價值觀
●其他
知彼（環境）
●社會經濟發展
●人力供需情況
●學校資訊、行職業狀況
●升學、就業管道與機會
抉擇與行動
●分析、比較
●作決定
●計劃、行動（升學、就業）

其中又以能力、興趣、性格、及價值觀四者最爲重要。

五、能力與興趣

能力與興趣一向即受到重視，事實上它們也是生涯發展的基礎，能力不足難以勝任所付託的工作，缺乏興趣則缺少原動力，工作自然不會起勁，但能力的培養較不成問題，各級教育機構與職業訓練單位在這方面已提供許多機會，大多數人都可選擇參加，而且學習成果亦可以預期。興趣可以藉廣泛的接觸而加以培養，在現代開放的社會中，也有愈來愈多的資訊與刺激，可供人們選擇，但關鍵就在於是否願意去接觸、去參與、去試探，這個問題主要還是牽涉到個人的性格，傳統保守、內向的性格，習慣於舊有的行爲模式，不喜歡新奇變化的事物，不擅於主動爭取機會，又缺乏開放的心胸，就可能限制了能力與興趣的培養，所能選擇的途徑自然減少許多，必然對其生涯發展產生相當大的影響。

六、價值觀

至於價值觀則是影響個人行爲、情緒乃至思考的最基本根源，個人從父母、師長、乃至各種傳播媒體的教導、薰陶以及生活的體驗中，逐漸形成對人、事、物，以至整個生命、宇宙的看法，包括對自我的評價、生活目標的選擇、與他人的關係型態、以及對於整個社會的走向、世間萬物的關切程度等問題，綜合構成個人的價值觀，它代表著個人對自己的一生的期待，是人生的理想與努力的目標，也關係到個人是否願意投注心力於某種理想的追求。雖然沒有一個人是十全十美、完整無缺，也沒有任何一個人的價值觀是無懈可擊，然而建立正確自我觀念，選擇適切的生活目標，並發展健全的人際關係與社會關懷，卻是心理健康的重要法則。

七、性格

這四個關鍵性的特質不只是相互有關，而且有相乘的作用，但其中又以價值觀最重要，而性格的偏向也會左右一個人能否全力以赴的採取適當的行動、表現恰切的行爲，其重要性可能也高於能力與興趣。此外，個人一生的發展可說是無數大大小小的決定串連起來的結果，個人於面臨抉擇時刻，能否澄清自己的目標、思索各種可行的途徑、預估各個途徑可能獲致的結果，進而做出明智的選擇，這一連串作決定的歷程，關係個人的生涯發展。

八、生涯發展是終生的歷程

不過生涯發展是終生的歷程，個人與環境都會因時因地而有所變異，知己知彼也不是一時之間、一次就可以完成的工作，它必須持之有恆，在生活經驗中逐漸累積、成長。因此不論在任何時候，生涯規劃都必須採取回顧過去、檢討現在、瞻望未來的策略，在這樣的基礎上，進一步就是進行分期的規劃：將未來分爲近程、中程、長程來看。

九、長期規劃

長程規劃的時間可達十年、二十年，因此不容易有具體確實的內容，但重要的是有否一個明確的方向，這裡就牽涉到對自己一生的期望，事實上，我們一生都在追尋著內心中所祈盼的理想，青年人更有許多理想，不過為了避免理想只是空想，就要多方瞭解真實世界的面貌，再透過中、近程計劃落實理想。

十、中程規劃

長程的規劃無法很具體的描繪出其輪廓，但中程計劃就必須有具體的目標。中程的時間可以在三至五年之間，一方面根據長程的目標來訂定可行的方案，一方面要能經得起現實世界的考驗。三、五年的時間並不長，如能就學業、工作、家庭等方面，想到接下來可能會面對的問題與可能發展的方向，必要時聽聽學長、師友的經驗意見，都有助於個人中程目標的規劃。

十一、近程規劃

配合中程計劃，近程的生涯規劃就要落實到現在能做什麼、要做什麼，才能在三、五年之後達到中程的目標，因此它可能是這一年中如何將時間做妥善安排的計畫，譬如這個學期的讀書計畫，要將重點放在那些科目，每一門課如何能學習有效果；除了上課外，還可以參加那些活動，如校內的社團、校外的研習、補習，甚至打工，這些都可以增進自己的見識，特別是許多重要的生活能力，如適應能力、解決問題能力、做決定的能力等，都需要按部就班有妥善的學習計劃，才不致於「兩天打魚，三天曬網」，白白浪費時間。

總之，由長程的角度來引導自己，不致方向偏差，以中程的目標做為未來可以努力的，再透過短程的計劃落實自己的生活，這種規劃才眞正能獲得滿意的人生。

第四節　掌握事實規劃生涯

有些人認爲這個社會變遷急遽，現在就要規劃未來的事，到時很可能一切都改變了，那麼爲什麼現在要規劃呢？

雖然社會變遷是事實，但並不就因此要放棄我們可以做的事，何況變遷不是憑空而來，如果深入瞭解，仍然可以找到一些軌跡，這就是前面所說「知彼」的一部分，而且任何的規劃都不能落於僵化，即使在做最具體的近程規劃時，也要考慮可能發生的意外，而能適時應變。總之，生涯規劃不希望「以不變應萬變」，或凡事「隨緣」，也不希望所規劃的事「一成不變」，尤其在人生剛要起步的時刻。俗話所說「條條大路通羅馬」並非誑語，但假使自己不能好好掌握，別人替你安排好一條康莊大道，也不一定有機會走出屬於你自己的生涯路，那就更不用說滿意的人生了。因此，要眞正使「我的未來不是夢」，「認眞的過每一分鐘」的確是非常重要的關鍵。

推薦進修書目

1. 吳鼎著，《輔導原理》，臺北：五南圖書公司，民國八十一年三月。

2. 吳武典主編，《學校輔導工作》，臺北：張老師文化事業公司，民國八十三年八月。
3. 劉焜輝編著，《指導活動》，臺北：漢文書店，民國六十二年。
4. 張波鋒著，《職業訓練》，臺北：黎明文化事業公司，民國七十七年。

習　題

劉秀嫚

一、選擇題

1.（　）做好生涯規劃乃是何種社會的特徵？①封建社會　②奴隸社會　③半開放社會　④開放社會。

2.（　）生涯規劃的內涵爲何？①科系的選擇　②工作的尋找　③生命的態度　④以上皆是。

3.（　）俗謂：「掌握不了現在，就看不到未來」，乃由何種的觀點說明了生涯規劃的重要性？①時間　②空間　③現在　④未來。

4.（　）時空縱橫交錯乃構成一個人的一生，謂之：①生活　②生命　③生涯　④生理。

5.（　）何人說過「吾生也有涯，而知也無涯」這句話？①老子　②莊子　③墨子　④孔子。

6.（　）對大多數人而言，在其事業、家庭與社會生活上第一個顛峰期的年齡爲何？①二十～三十　②三十～四十　③四十～五十　④五十～六十　歲。

7.（　）以下哪一句話最能表現「活到老，學到老」的精神？①人生七十已知足　②人生七十古來稀　③人

生七十才開始　④人生七十不可能。

8.(　)以下哪一句話表現出較積極的人生觀？①船到橋頭自然直　②聽天由命　③世間不如意事十之八九　④戰勝自己。

9.(　)生涯規劃的「主體」應爲何者？①父母　②自己　③師長　④朋友。

10.(　)個人生涯發展成功與否的主因，以下何者不是？①學歷　②性格　③價值觀　④興趣。

二、填充題

1. ＿＿＿與＿＿＿是生涯發展的基礎。
2. 影響個人行爲、情緒乃至思考的最基本根源是＿＿＿。
3. 生涯規劃的三要素：＿＿＿、＿＿＿與＿＿＿。
4. 孔子說「三十而立」，乃是建立生涯方向與目標的＿＿＿。
5. 白居易的詩中：「＿＿＿拋來詩是業，家園忘卻酒是鄉」。
6. 《孫子兵法》：「＿＿＿，百戰不殆」。
7. 依年齡將生涯劃分爲幾個階段，十歲前稱＿＿＿期。
8. 所謂知己就是對＿＿＿有充分的認知；知彼就是熟悉周遭的＿＿＿與人事物。
9. 個人生涯發展成功與否的主要重心是＿＿＿的探索與認識。

10.對「社會經濟情況」、「人力供需狀況」做深入瞭解，屬於生涯規劃三要素中的＿＿＿＿部分。

三、申論題

1.生涯規劃三要素爲何？

2.生涯規劃的範圍爲何？

活動　發表——我的未來不是夢

吳美嬌

一、活動目標

知道如何做好生涯規劃，瞭解終身學習的重要性。

二、活動過程

1.課前準備：教師指定每位學生規劃自己未來的藍圖並繪製目前生活餡餅（如後圖）說明目前如何認真地過每一天。

2.發表：教師隨機抽點學生上臺發表（未點到的學生以作業方式呈現）。

3.全班討論：對上臺發表的同學給予回饋。

4.講評與補充

(1)教師對學生的每日生活餡餅講評補充。

(2)教師強調終身學習的時代性。

公民實踐活動(二)

參觀——參觀學校附近的商業機構或工廠

吳美嬌

一、活動目標

1. 使學生瞭解工作觀念、做好職業準備。
2. 使學生瞭解企業經營與社會責任。
3. 培養學生觀察事物、撰寫報告能力。

二、活動時間

利用課餘時間進行。

三、活動方式

1. 全班組成一隊共同前往參觀（可分成若干小組，以利聽到引導解說者的引導說明）。
2. 全班分成若干隊，在同一時間前往不同機構參觀。

四、活動前準備

1. 教師說明本次活動的意義。
2. 商定下列事宜

(1)參觀對象。

(2)參觀日期：須先行與參觀單位接洽。

(3)參觀方式：先洽詢參觀單位可接待之人數，決定參觀方式（全班一隊或分若干小隊）。

(4)領隊人選：敦請老師擔任。

(5)選出籌備人員：包括聯絡人及資料整理人員。

(6)參觀規則：訂定「參觀注意事項」以便共同遵守。如服裝、禮貌、秩序及撰寫心得等。

(7)籌集必要的經費：可酌收班費或請校方補助。

(8)備函寄送參觀單位（包括參觀目的、日期、確切時間、人數名單）。

(9)準備資料：包括參觀機關之名稱、負責人、組織概況、參觀日期、時間、規則，印發同學參考。

(10)攜帶筆記簿，以便記錄參觀實況。

(11)全班分成各小組，並選出組長，負責聯絡及點名事宜。

五、活動進行

1. 按計劃整隊出發。
2. 到達目的地後，先聽取簡報。
3. 隨同引導人員參觀各部門。
4. 紀錄參觀實況。
5. 參觀完畢，向招待人員道謝，整隊離開，返校後再行解散。

六、活動後工作

1. 規定時間撰寫心得，彙整後由整理人員編成參觀報告。
2. 檢討本次活動的得失。
3. 請老師講評。
4. 函謝參觀單位。

七、注意事項

1. 事前之聯繫必須確實，不可匆促成行。
2. 須絕對遵守時間，不可遲到，亦不宜提前，以免增加接待人員困難，參觀後亦應準時離去，不可逗留。

3. 服裝須整齊，禮貌要周到，使校外人士有良好印象。
4. 尊重引導人員解說，不可自由行動或亂闖、刺探，更不可交談嬉笑。
5. 對接待人員簡報可提出問題，但要簡明。
6. 可索取參觀資料，增加瞭解。
7. 在參觀中可隨時作筆記，以便事後撰寫報告。
8. 活動前提供參觀主題（如創業歷史、組織部門、產品性質產量、員工福利、待遇、員工能力需求、工作滿意、設備、生產過程、對社會貢獻、未來發展等），結束活動後就依主題召開會議，交換心得，並獲致結論。

八、活動評鑑

1. 同學對參觀興趣及收穫如何？
2. 本次活動準備工作如何？有無需改善之處？
3. 本活動的實施是否符合預期目標？
4. 參觀後之評鑑（心得報告撰寫或檢討會議）是否確實實施。

九、參考資料

參觀活動計劃內容

1. 活動目的。

2. 活動依據。
3. 主（協）辦單位。
4. 參觀對象。
5. 活動過程（包括日期、項目、內容、時間、地點）。
6. 參觀注意事項。
7. 參觀心得報告。
8. 經費來源。
9. 獎勵與評鑑。
10. 活動核可人或單位。

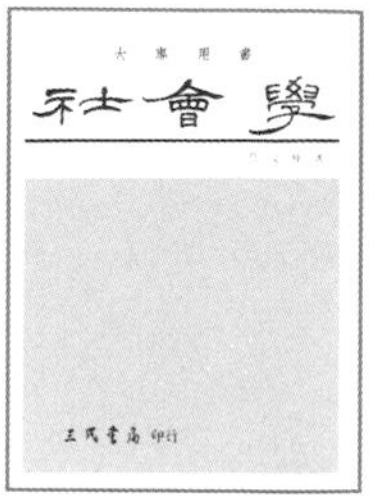

社會學　蔡文輝／著

社會學範疇廣及家庭、政治、經濟、教育、宗教、社會等之靜態與動態層次。本書的目的是以簡潔的文字將社會學的基本概念深入淺出的介紹給讀者，是每一個對社會學有興趣者必讀的入門書籍。本書也是第一部將中國社會結構的介紹充分與西方社會學概念整合運用的大學社會學教科書。

社會學概要　何文男／著

本書是一本初步認識社會學的基礎讀物，專為大專學生，以及一般社會青年的需要所編輯而成，儘量避免使用深奧模糊的理論和術語，力求以簡單易懂、清晰扼要的文字敘述，並以通則性和概括性的方式，有系統地介紹社會學的一些重要基本概念、以及現代社會的基本因素、制度形態、和社會現象及其變遷。

韋伯論中國傳統法律：韋伯比較社會學的批判　林　端／著

本文以中國傳統法律為例，嘗試對韋伯提出批判：在社會學方法論上，指出其比較法律社會學裡二元對立式的理念型比較的局限；在實質社會學分析上，立基於全球近來對清代法律與司法審判的豐碩研究成果，說明了韋伯對中國傳統法律與司法審判的看法的誤解與限制。

西洋社會思想史　龍冠海、張承漢／著

社會思想是人類對其社會生活或問題的觀念，遠在古代即已存在——因為人的生活，即為社會生活。本書旨在探討西洋思想家對於此種觀念的思想內涵。在時間上，自紀元前第八世紀至紀元後第十九世紀，作者將其大致分為五個階段，詳述各階段重點及其影響。

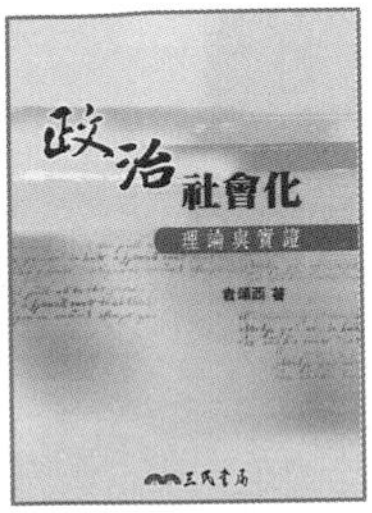

政治社會化：理論與實證　袁頌西／著

我國兒童的政治知覺開始得很早，政治功效意識卻隨成長而偏低，學校與家庭等社會化環境都是重要影響因素。數千年專制影響遍及政治與社會文化各層面，亦及所有成年與未成年人。現雖為民主社會，但歷史遺緒卻非短期內能拋棄。作者認為兒童反映出的權威主義傾向，需要長時間才能在國民性格上有效消除。

政治理論與研究方法　易君博／著

作者所發表過的論文擇其要者編成本書，這些論文雖自成獨立的單元，但各篇均在探討有關政治學之理論問題，內容討論泛及傳統政治哲學與當代政治科學領域。尤其關於經驗政治研究的概念製作、理論建構及研究方法，更是全書的重心。除授課用外，亦極適合對從事政治研究有興趣之學生及一般讀者閱讀。

雅爾達密約與中日蘇關係　王永祥／著

美國與英國為誘使蘇聯協助中、美、英三國在亞洲擊敗日本，與史達林簽訂「雅爾達密約」。但蘇聯以種種理由遲不出兵，及至日本擬委託蘇聯出面斡旋投降，乃率然進兵中國東北，盡獲東北利權，並助中共發展壯大。作者參考中、美、俄等國外交檔案，旁及其他資料，言人所未言，關心歷史及國際政治者不可不讀。

邁向歐洲聯盟之路　張福昌／著

本書追溯五十年來歐洲統合的歷史，從舒曼計畫到「歐洲聯盟」的誕生，剖析歐洲統合的思想緣起、統合的方法與成果，「歐洲聯盟」的組織架構、十五會員國的概況以及「歐洲聯盟」的擴大與影響。讓讀者掌握歐洲統合的脈動，作為分析歐洲現實動向的基礎；並從歐洲的經驗，思索兩岸未來的和平方向。

國父思想綱要　周世輔／編著　周陽山／修訂

從後冷戰時代開始迄今，蘇聯、東歐、中亞與東亞新興民主國家，分別面臨著不同問題的嚴峻挑戰。此一當代新局勢讓我們有一個嶄新的機會，重新檢視中山思想有關國族建立、民主轉型及社會經濟發展的相關學說，並對民族、民權與民生這三者的位階、順序及其爭議，有進一層研究與反省的契機。

中共與莫斯科的關係(1920～1960)　楊奎松／著

莫斯科如何影響中共乃至中國革命的具體工作方式？莫斯科派駐中國的代表和機構之工作方式如何，它在複雜多變的國共關係中如何決策？不同的中共領導人如何對待來自莫斯科的幫助？這些幫助和援助對中共的意義有多大？毛澤東到底是怎樣走上與蘇聯分裂的道路？翻開本書，您可以找到所有的答案。

近代中國民主政治發展史　張玉法／著

作者鑑於民主政治在臺灣地區已進入發展階段，在大陸地區尚方興未艾，特編撰此書探索近代中國民主政治的源流，以及在發展過程中的諸多問題。始於晚清追求君主立憲，中經民初實行民主共和、國民黨之由訓政到憲政，迄於近五十年來臺海兩岸的民主現況。關心臺海兩岸民主前途的人士，不可不讀。

現代西洋外交史：兩次世界大戰時期　楊逢泰／著

本書從第一次世界大戰前的歐洲局勢出發，從外交角力看戰爭爆發的必然性。漫長的戰爭並未換來長期和平，二次世界大戰即因前次戰爭的惡果爆發，演成一場全球性的長期戰爭。兩次大戰後都曾建立國際性的組織，期望以外交方式解決國際紛爭，消弭戰火，以期進入一個沒有戰爭的時代。

西洋政治思想史　逯扶東／著

本書之主旨在撰述西洋政治思想發展之源流，及各種派別之政治理論特色，藉以瞭知西方政治思想淵源所自，及其實質內涵。同時對各時代背景亦有所敘及，俾增進了解每一思想產生及消長之因果。是對西方政治、社會、哲學思想有興趣者最佳的閱讀範本。

西洋政治思想簡史　逯扶東／著

本書雖精要，然全書自柏拉圖、亞里斯多德，經中古而至文藝復興時期之馬基維里，而至近代之霍布斯、洛克、孟德斯鳩、盧梭、康德、黑格爾、邊沁、穆勒，以及之後的馬克思與社會主義各主要派別、法西斯主義之極權政治，皆列為重要篇章，是以首尾俱全、脈絡清晰，而少繁蕪冗長之弊。

百年來兩岸民族主義的發展與反省　洪泉湖、謝政諭／主編

處在當前激情的「民族意識」糾葛中，兩岸未來將是持續震盪衝突，抑或解消對立進而共存共榮，尚待兩岸人民一起抉擇。本論文集結合海內、外學界菁英從多元角度作深入分析探索，並試圖提出種種消解對立與雙贏之道，不僅反省百年來兩岸民族情操與境遇，更關心未來兩岸何去何從，是不可錯過的學術巨著。

歐洲聯盟簡史　Philip Thody／著　鄭棨元／譯

本書回顧這半世紀來歐洲統合的歷史進程，介紹歐洲聯盟的組織架構與運作方式；尤其從非歐洲大陸中心主義的英國的立場，深入剖析邁向歐洲聯盟之路的困境與折衝，提供另一種詮釋歐洲統合史的視野。

政治學的科學探究㈠——方法與理論　胡　佛／著

政治學的科學探究首重方法論的規劃與理論的建立。作者認為政治觀察的本質為權力，乃以政治體系內的權力關係為核心概念及理論架構，而自成一個範型，並進行實證性的理論驗證，而獲致多方面的發現與成就，對政治學的研析及知識的增進，皆甚具貢獻。

政治學的科學探究㈡——政治文化與政治生活　胡　佛／著

作者認為政治文化是對權力關係在主觀上的一種正當信念，可針對政治體系的特性，運用演繹性的推論，分成三個基本的類型，即：統攝性的、結構性的及功能性的。作者無論對文化概念的釐清及類型的建構，皆具有獨特而精深的見解，因之，所獲致的發現，在政治文化的研析上，實彌足珍貴。

政治學的科學探究㈢——政治參與與選舉行為　胡　佛／著

政治從參與的程度看，可分為五種由低到高的層次：維持性、敦促性、改革性、推動性、干預性。其中選舉行為最為特殊，作者乃綜合政見取向及非政見取向，以及訊息傳達的歷程，發展整體架構。作者分別對政治參與及選舉行為作多方面的探究與驗證，獲致理論上的多種發現，而具有學術上的重要意義與貢獻。

政治學的科學探究㈣——政治變遷與民主化　胡　佛／著

作者認為政治變遷不是沒有目的與方向，民主化就是主要的內容與指標。但政治變遷與民主化是一複雜而曲折的動態歷程，實際反映在威權統治的形成、鞏固、衰退及轉型。作者對此提出了個人獨到的理論與觀念，甚具理論的意義與學術上的貢獻。

政治學的科學探究㈤──憲政結構與政府體制　胡　佛／著

憲政結構實來自特殊的精神與傳統：自主、自由與權力分立且相互制衡的有限政府。作者特根據這樣的精神與傳統，剖析美國與我國憲政結構差異。並進而為憲政結構分劃兩項指標，用以廓清憲政觀念與基本內涵。作者對憲政的獨到見解及精微的分析，實具學術上的重要意義與價值。

新世紀的行政理論與實務：張潤書教授榮退紀念論文集

本書是為恭賀張潤書教授榮退而特別出版的專書。內容有幾項特色：一是理論與實務的兼顧；再者，重新檢視公共行政學中極具代表性的核心問題，以提供讀者新的思考方向與啟示；最後，晚近較新興的議題，本書亦有極為詳實的介紹與析論。

行政學　吳瓊恩／著

本書增訂二版強調全球化時代中，文化差異的重要性，扣緊行政理論與實務的分與合。除介紹新公共行政、黑堡宣言及公共管理研究途徑外，並對近年來的政府再造運動及其政治理論基礎提出批判。對於知識經濟時代的知識管理、公部門的策略管理以及臺灣公共行政的政治系絡，亦有詳盡說明。

行政學　林鍾沂／著

本書除了橫向擴展國內傳統行政學著作所未論及的主題，作者尤本於方法論的思考，針對各項主題縱觀其系絡、理析其意涵，從事嚴謹的論述省察，期使公共行政的相關學理能在管理、政治及法律等途徑中，展現出更為豐富而精彩的知識對話，從而進一步拓寬了實務行動的可能視野。